포토리딩
슈퍼 기억법

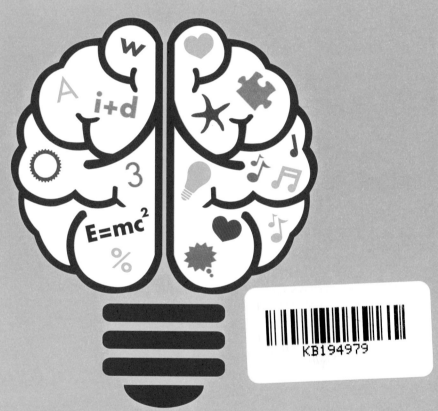

KB194979

야마구치 사키코 지음 · 이수영 옮김 · 서승범 감수

두드림미디어

포토리딩, KAI, 그리고 트랜스포메이션 : 변신을 시작하는 강력한 도구

이 책은 단순한 공부법을 넘어, "어떻게 하면 가장 효과적으로 배우고 기억할 수 있을까?"에 대한 실질적인 해답을 제공합니다.

저자인 야마구치 사키코 선생님은 20년 이상 포토리딩을 가르쳐온 일본 최고의 전문가로, 수많은 사람들이 그녀의 가르침을 통해 학습과 인생에서 놀라운 변화를 경험해왔습니다.

저는 2017년 일본에서 포토리딩을 처음 배웠지만, 기술만 익히는 것으로는 변신할 수 없다는 사실을 뼈저리게 깨달았습니다. 이후 다시 도쿄로 건너가, 포토리딩을 20년 넘게 연구하고 가르쳐온 야마구치 사키코 선생님께 직접 사사(師事)를 받았습니다. 그리고 그곳에서 "KAI(カイ, 즐거움)가 없다면 아무것도 이룰 수 없다"라는 강렬한 통찰을 얻게 되었습니다.

저는 한국에서 유일하게 야마구치 사키코 선생님께 포토리딩을 직접 사사받은 제자로, KAI의 중요성을 누구보다 깊이 이해하고 있습니다.

그리고 이 책은 바로 그 KAI를 활용한 학습법과 기억법의 결정판입니다.

왜 KAI가 학습과 변신의 핵심인가?

KAI는 단순한 '즐거움'이 아니라, 학습과 성장을 지속할 수 있는 핵심 동력입니다.

- KAI가 있으면 변화가 즐거워진다.
  억지로 하는 공부는 오래가지 않지만, KAI가 있는 학습은 자연스럽게 지속된다.
- KAI가 있으면 자기 신뢰가 생긴다.
  "나는 할 수 있다"라는 감각이 생길 때, 우리는 계속 도전할 수 있다.
- KAI가 있으면 기억이 오래간다.
  즐겁게 배운 것은 강한 인상으로 남아 쉽게 떠올릴 수 있다.

이 책에서는 포토리딩과 학습을 넘어, 진정한 변신을 꿈꾸는 사람에게 목표 설정, 기억의 훅 만들기, KAI를 활용한 학습법 등, 단순 암기가 아닌 효과적인 학습과 변신을 위한 전략을 구체적으로 제시합니다.

저는 포토리딩을 가르칠 때, 단순한 속독 기술이 아니라 'KAI를 통해 변신하는 방법'을 함께 전달합니다.

이 책 또한 같은 메시지를 전하고 있습니다. 공부를 단순한 의무가 아니라, 즐거운 변신의 과정으로 바꾸고 싶다면 이 책에서 소개하는 방법들을 실천해보세요. 여러분도 자신만의 KAI를 발견하고, 학습과 삶에서 진정한 트랜스포메이션을 이룰 수 있을 것입니다.

포토리딩 & 퓨처매핑전문가

《비상식적 성공 법칙》한국어판 번역자

나홀로비즈니스스쿨 대표

서승범

인생이 압도적으로 유리해지는
기억의 기술

"저는 기억력이 좋은 편이 아니라서…."

"그 사람은 머리가 좋으니까 기억력도 좋을 거예요."

수많은 사람들에게 기억법과 공부법 강의를 해오면서 이 같은 푸념을 자주 듣습니다. 하지만 7,500명 이상을 직접 가르쳐본 경험으로 말하건대, 선천적으로 타고나는 기억력에는 별 차이가 없으며, 누구나 기억력을 높일 수 있습니다.

저는 1시간에 책 한 권을 읽어내는 포토리딩 독서법, 생각을 지도 그리듯 이미지화하는 마인드맵 등을 바탕으로 속독법과 기억법, 공부법 노하우를 가르쳐왔습니다.

포토리딩은 텍스트를 글자나 단어 단위가 아니라 페이지 단위로 읽는 방법입니다. 1~2초에 한 페이지씩 '사진을 찍듯이' 책을 읽고, 그 전후의 준비 단계와 활성화 단계를 거쳐 책 내용의 핵심을 파악하게 됩니다. 이 테크닉은 두뇌의 잠재의식이 정보를 처리해 장기기억으로 보내는 능력을 활용하는 독서법으로, 저는 15년 동안 포토리딩 강의를 맡고 있습니다.

기억법 덕분에 공부와 업무 효율이 크게 올랐다는 평가가 많아 제 강좌는 거의 만원입니다. 수강생은 학생, 회사원, 경영인, 교수, 공무원부터 올림픽 선수, 작가, 작곡가, 연예인 등 다방면에 걸쳐 있습니다. 연령 폭도 넓어 앞날이 창창한 10대는 물론, 은퇴하고 한참이 지난 80대 분들도 계십니다.

기억법은 시험에서 특히 큰 효과를 거두고 있습니다. 수강생 중에는 하위권 성적의 고등학생이 반년 만에 중상위권으로 오르더니 명문 게이오 대학에 합격한 케이스, 학원에 다니지 않고도 와세다 대학이나 죠치 대학에 합격한 케이스, 밑바닥 성적에서 2개월 만에 문턱이 꽤 높은 대학에 들어간 경우도 있습니다.

삼수해서 겨우 야간 대학에 들어갈 만큼 공부와 담을 쌓았던 직장인이 몇 달 만에 합격률 10%대의 국가고시를 포함해 1년 동안 4개의 자격시험에 붙었습니다. 6개월 만에 토익 성적이 300점 오른 사람, 3개월 집중 공부로 합격률 7.5%의 시험에서 상위권 합격한 사람 등 기억법으로 성과를 낸 사람은 아주 많습니다.

그들의 성취는 결코 특별한 일이 아닙니다. 누구라도 가능합니다. 학교 성적이나 학력 면에서 우수한 평가를 받아본 적이 거의 없는 사람이 단기간에 놀라운 성과를 내는 것은 타고난 능력과는 무관하기 때문입니다. 애당초 기억력을 타고났다면, 그 짧은 기간에 기억 능력이 갑자기 좋아질 리 없습니다.

기억력이란, 쉽게 말해 '과거에 기억한 것을 외우고 있는 능력'입니다. 여기에는 3가지가 중요한 포인트입니다.

① 기억력은 처음부터 정해져 있는 능력이 아니다.
② 기억력 = 기억해낼 수 있는 힘
③ 두뇌는 모든 정보를 똑같이 기억하지 않는다.

두뇌는 모든 종류의 정보를 똑같이 기억하지 않습니다. 더 잘 기억하는 정보가 있고, 마찬가지로 더 잘 기억되는 암기 방식이 있습니다. 예컨대 텍스트는 이미지 정보보다 기억 정착 효과가 떨어집니다. 그래서 책보다 드라마가 더 잘 기억되고, 몇 년 전에 묵은 호텔방 모습도 어렵지 않게 떠올릴 수 있습니다.

사람은 누구나 기억 능력을 기를 수 있습니다. 기억력은 머리의 좋고 나쁨이 아니라, 기억해낼 수 있는 힘이 있는지 없는지의 문제입니다. 다시 말해, 기억해낼 힘이 약한 사람이 자신은 기억력이 나쁘다고 믿는 것뿐입니다. 만약 지금 당신의 기억력에 자신이 없다면 그것은 기억하는 방법을 제대로 몰랐기 때문입니다.

기억법의 핵심은 두뇌로 외울 때의 요령(인풋 방법)과 외운 것을 떠올릴 때 기억을 꺼내는 방법 익히기입니다. 이 책은 기억의 원리와 함께 그 방법들을 하나하나 알려드립니다.

기억력이 나쁘면 공부뿐만 아니라 회사에서의 일처리도 원활하지 않습니다. 그 결과 경력이 쌓이는 속도가 늦고, 실적이 크게 오를 일도 없겠지요. 실제로 이런 문제의식으로 제 강의를 찾는 분들이 적지 않습니다. 반면 기억력이 좋으면 공부와 시험에 강해지는 것은 물론, 업무를 할 때 프로다운 일처리가 가능해집니다.

단기간에 기억력이 좋아진 사람들은 이렇게 말합니다.

"공부 과목이 많았는데 생각보다 빨리 마스터했어요."

"회의에서 현안을 모두 외우고 있으니까 다들 인정해줘요."

"똑같이 일해도 남들보다 3배의 업무량을 처리해요."

기억법에는 다양한 요령이 있습니다. 그중 몇 가지만이라도 꼭 실천해보시기 바랍니다. 기억법은 많은 것들을 기억할 수 있다는 게 효과의 전부가 아닙니다. 공부와 업무, 인간관계 등에서 기억력이 좋아지면 인생이 굉장히 유리해집니다.

야마구치 사키코(山口 佐貴子)

차 례

감수자의 말 | 포토리딩, KAI, 그리고 트랜스포메이션 :
변신을 시작하는 강력한 도구 … 5

프롤로그 | 인생이 압도적으로 유리해지는 기억의 기술 … 8

PART 01 기억법과 공부의 기본 원리

01 기억력을 높이는 데 가장 중요한 것 … 22
– 기억하는 목적을 분명히 하기

02 노력의 동기부여가 필요한 진짜 이유 … 23
– 내가 기뻐할 일이어야 잘하게 된다

03 즐거움이 나의 행동과 결과를 바꾼다 … 25
– 즐거움은 두뇌를 활성화시키는 원동력

04 공부에는 호기심과 감동이 필수!? … 27
– 관심과 흥미는 기억의 대전제다

05 두뇌과학에 기초한 기억 보존법 … 29
– 두뇌는 반복되는 정보에 주의를 기울인다

06 잠재의식 활용이 기억력을 높인다 … 32
– 잠재의식은 무한의 기억 저장고

07 기억의 질을 결정하는 4단계 … 34
– 암기 수준은 목적에 따라 달라져야 한다

08 기억에 효율적인 15분 단위 공부법 … 36
– 두뇌가 지치기 전에 공부를 멈춘다

09 몸을 써서 외우면 더 잘 기억된다 … 39
– 시각, 청각, 체감각을 이용하는 암기법

10 암기가 훨씬 쉬워지는 연상기억법 … 41
  – 암기 사항에 기억의 단서를 결합한다

11 기억을 언제든 바로 꺼내는 방법 … 44
  – 연결되는 단서로 기억 갈고리를 만든다

12 통암기를 할수록 망각도 많아진다 … 49
  – 핵심 키워드만 머릿속에 담아도 충분하다

13 중요한 내용을 빨리 외우려면 … 51
  – 두뇌에 '이것은 중요!'라고 각인시킨다

14 기한을 정하면 두뇌가 더욱 활성화된다 … 53
  – 두뇌 효율을 극대화하는 공부법

15 외울 수 없다고 생각하면 더 외우기 어렵다 … 55
  – 불안은 두뇌에 큰 마이너스가 된다

기억 칼럼 | 집중력을 높여주는 크레이티브 릴랙스 … 57

PART 02   지금보다 10배 더 잘 기억하는 책 읽기

16 기억에 잘 남는 책은 따로 있다 … 62
  – 첫인상이 약한 책은 기억에 남기 어렵다

17 책을 읽는 목적을 분명히 한다 … 65
  – 목적이 뚜렷해야 두뇌도 돕는다

18 어쨌든 암기는 반복이 기본이다 … 67
  – 반복해서 읽으면 그만큼 기억이 강화된다

19 암기 횟수를 늘려도 잘 안 외워지는 이유 … 69
  – 즐거움이 없으면 기억력은 떨어진다

20 목차를 미리 보면 기억 효율이 높아진다 … 71
  – 목차에는 책의 핵심 정보가 집약되어 있다

21 독서에도 사전 준비가 필요하다 … 73
  – 계획해서 읽으면 독서 효율이 높아진다

22 책의 핵심을 선명하게 기억하려면 … 75
　– 책에서 무엇을 얻을지 미리 질문을 만든다

23 공감하며 읽으면 기억에 오래 남는다 … 77
　– 감정에 링크된 기억은 정착이 쉽다

24 나중에 책 내용을 쉽게 떠올리려면 … 79
　– 키워드, 키 센텐스를 기억하는 습관 들이기

25 색펜은 2색까지가 암기에 좋다 … 81
　– 3색 이상이 되면 두뇌가 혼동할 수 있다

26 마킹을 잘하는 법은 따로 있다 … 83
　– 마킹은 전체의 10% 이하, 단어에 한정한다

27 도해나 일러스트로 외우면 좋은 이유 … 86
　– 일러스트가 기억을 강화한다

28 단시간에 전체를 파악하는 15분 읽기법 … 88
　– 생소한 분야의 책은 미리 훑어본다

29 이해되지 않는 부분은 건너뛰어도 좋다 … 89
　– 모든 것을 한 번에 이해할 필요는 없다

30 토론과 설득에 강해지는 독서법 … 91
　– 주관적인 의견을 가지고 책을 읽는다

31 핵심 내용을 녹음해서 외우는 법 … 94
　– 청각과 체감각이 두뇌를 더욱 활성화한다

32 완벽하게 외워야 할 때는 백지에 복원한다 … 96
　– 백지 복원으로 암기 상태를 확인한다

33 가르친다고 의식하면 더 잘 외워진다 … 97
　– 두뇌가 암기를 더 잘 받아들이게 하는 요령

34 외운 것을 더욱 확실하게 기억하는 법 … 99
　– 암기한 내용을 다른 사람에게 3분간 설명한다

기억 칼럼 | 공부에 도움이 되는 3가지 영양소 … 101

PART 03 **같은 시간을 공부하고도 시험에 더 강해지는 비결**

35 공부하기 전에 먼저 해야 할 일 ⋯ 106
　－ 공부 입구와 출구 확인하기

36 시간을 낭비하지 않는 공부 로드맵 ⋯ 108
　－ 일정이 흐트러지면 공부 자신감도 떨어진다

37 똑같이 공부해도 합격률이 높아지는 법 ⋯ 112
　－ 두뇌의 즐거움이 되는 장점을 떠올린다

38 아는 것과 외우는 것의 차이 ⋯ 114
　－ 안다 = 납득, 외운다 = 재현 가능한 상태

39 시각 우위 공부법과 청각 우위 공부법 ⋯ 117
　－ 시각파는 이미지, 청각파는 소리를 이용한다

40 숫자 정보를 쉽게 외우는 방법 ⋯ 120
　－ 언어유희, 리듬으로 외우면 오래 기억된다

41 영어 단어를 빨리 외우는 방법 ⋯ 123
　－ 수험 영단어를 잘 외우는 3가지 포인트

42 입문서를 읽는 2가지 방법, 통독과 숙독 ⋯ 125
　－ 입문서는 무엇보다 쉬워야 한다

43 기억에 가장 효율적인 복습 시간 ⋯ 127
　－ 복습은 전체 공부 시간의 10%가 적당하다

44 전문 서적은 3단계로 나누어 읽는다 ⋯ 129
　－ 책을 읽는 단계별 목적을 분명히 한다

45 교재와 친숙하면 성적도 오른다 ⋯ 131
　－ 나만의 색깔로 꾸미고 자주 훑어본다

46 책상 앞에 앉지 않아도 공부할 수 있다 ⋯ 133
　－ 자투리 시간에 핵심 키워드를 암송한다

47 수험 일주일 전부터는 복습에 집중한다 ⋯ 135
　－ '공부 = 무조건 입력'이라는 발상은 틀렸다

48 6시간~7시간 반을 꼭 자야 하는 이유 … 137
 – 몸의 휴식 + 두뇌의 기억 정리에 필요한 시간

49 공부가 압도적으로 잘되는 타이밍 … 139
 – 잠들기 전에 보고, 다음 날 아침에 다시 본다

50 싫어하는 과목을 암기해야 할 때 … 141
 – 조금이라도 즐거운 공부 환경을 만든다

51 공부 집중력을 높이는 긍정 선언 … 143
 – 기억력을 강화하는 어퍼메이션 만들기

기억 칼럼 | 정돈을 못하는 사람은 기억력도 약하다!? … 146

PART 04 기적의 정보 습득법, 포토리딩

52 1시간에 책 한 권 읽기, 포토리딩 … 150
 – 사진을 찍듯이 펼친 페이지를 한눈에 본다

53 포토리딩 쉽게 따라하기 5단계 … 153
 – 잠재의식이 읽게 하고 의식으로 이해한다

54 포토포커스로 책을 보는 법 … 156
 – 눈의 초점을 맞추지 않고 흐릿하게 본다

55 포토포커스가 제대로 되는지 확인하기 … 159
 – 초점이 맞지 않아 겹쳐 보이면 OK

56 포토리딩, 책 읽기를 다시 생각한다 … 161
 – 모든 학습에 활용 가능한 정보 처리법

기억 칼럼 | 집중 모드에 빠르게 들어가는 요령 … 163

PART 05 **단시간에 성과를 내는 노트 기억법**

57 쓰기와 말하기가 두뇌를 자극한다 ⋯ 168
  – 손과 입을 사용하면 기억력이 좋아진다

58 기억에 오래 남는 노트 필기법 ⋯ 171
  – 필기할 때 기억의 단서를 추가한다

59 암기 사항을 줄줄이 엮는 기억법 ⋯ 174
  – 기억의 강력한 수단, 연상과 이미지

60 정보가 많을 때는 키워드로 재구성한다 ⋯ 177
  – 핵심 키워드를 기억의 중심에 놓는 법

61 암기의 핵심을 만드는 법 ⋯ 180
  – 암기 요령을 별도로 만들어 외운다

62 문장을 도식화하면 기억에 유리하다 ⋯ 182
  – 관계를 나타내는 부호 사용법

63 암기는 완벽하지 않아도 좋다! ⋯ 184
  – 문장 전체가 아니라 단어 중심으로 외운다

64 암기 과목에 강해지는 마인드맵 작성법 ⋯ 187
  – 도해로 정리하면 암기가 쉬워진다

65 핵심어 도해로 내용 정리하는 법 ⋯ 190
  – 단어를 연결하는 4가지 원칙

66 잘못 그린 도해를 수정하는 요령 ⋯ 196
  – 핵심어 연결을 분명하게 드러낸다

67 효과적인 핵심어 도해 복습법 ⋯ 201
  – 도해를 보지 않고 연결 단어를 떠올린다

68 토론과 대화에 강해지는 메모 기술 ⋯ 204
  – 대화의 키워드를 미리 준비한다

69 마인드맵으로 프레젠테이션 준비하기 ⋯ 207
  – 말하는 순서와 강조사항을 표시한다

기억 칼럼 | 공부 효율을 높이는 일상의 도구 ⋯ 209

PART 06 **인생이 굉장히 유리해지는 기억 기술**

70 비즈니스 정보 수집의 기본 ··· 214
　– 달성 목표와 키워드를 분명히 정한다

71 의식하면 두뇌는 스스로 움직인다 ··· 217
　– 질문을 의식 = 두뇌가 정답을 찾는다

72 방금 들은 말을 잘 기억하는 법 ··· 219
　– 핵심 단어를 5회 반복해 말한다

73 물음표를 붙이면 더 잘 기억된다 ··· 221
　– 대화 속 질문이 기억력을 높인다

74 기억력을 강화하는 간단 트레이닝 ··· 223
　– 눈앞에 있는 모든 것을 1분간 떠올린다

75 사람 이름과 얼굴을 잘 기억하는 법 ··· 225
　– 평소 알던 사람이나 기존 정보와 결합한다

76 대화의 핵심을 메모하는 요령 ··· 227
　– 현황, 이유, 목적, 할 일에 주목한다

77 대화 내용을 스토리로 외우는 법 ··· 233
　– 상황 이미지로 기억하는 스토리 기억법

78 인정받는 사람들의 메모 습관 ··· 235
　– 돈, 날짜, 시간, 장소는 즉석에서 메모한다

79 그래도 메모는 기억보다 강하다 ··· 237
　– 중요 일정은 3~5단계로 작성한다

80 포스트잇 만점 활용법 ··· 239
　– 1매에 하나씩, 2가지 색을 사용한다

81 아무리 해도 잘 안 외워진다면 ··· 241
　– 마냥 애쓰기보다 대안을 찾는다

82 갑자기 기억나지 않을 때 대처법 ··· 243
　– 둘러대지 말고 시간을 벌어 판단한다

기억 칼럼 | 오늘 하루를 떠올리는 기억력 훈련 … 245

에필로그 | 시간을 더욱 소중히 쓰기 위해 … 247

＊본문에서 일본어를 기반으로 하는 연상기억법은 독자의 이해를 돕고자 전부 한국어 예시로 바꾸었습니다.(옮긴이)

＊카이(KAI)란, 내면에서 자연스럽게 솟아오르는 동기이자 자발적 기쁨, 또는 자발적 즐거움으로, 강제된 변화가 아니라, 스스로 원하고 즐기면서 지속하는 힘을 의미합니다. 본문에서는 이를 '즐거움'이라는 한 단어로 축약해서 표현했습니다.

＊이 책에서 소개하는 PhotoReading은 미국 러닝 스트래티지 사의 등록상표입니다. Mind Map 및 마인드맵은 영국 Buzan Organisation Limited 1990(www.thinkBuzan.com)의 등록상표입니다. 마인드맵에 특화된 학습을 원하시면 한국 내에도 전문강좌가 개설되어 있으므로 그곳에서 공부할 것을 권합니다.

PART
01

기억법과 공부의
기본 원리

01

기억력을 높이는 데 가장 중요한 것

기억하는 목적을 분명히 하기

'기억(記憶)'이라는 단어의 의미부터 짚어보겠습니다.

'기(記)'라는 글자는 말(言)과 몸(己)으로 나눌 수 있습니다. '억(憶)'은 마음(心)과 뜻(意)으로 이루어졌지요. 이로써 기억이라는 단어를 풀어 보면 '나(己)의 말(言)로 하기 위해 뜻(意)을 가지고 마음(心)에 담는다'로 이해할 수 있습니다.

뭔가를 기억한다는 것은 언제, 누가 묻더라도 똑같이 대답할 수 있는 상태를 말합니다. 이를 위해서는 분명한 뜻, 즉 의도를 가지고 필요한 정보를 머릿속에 넣어야 합니다. 이것이 첫 번째 할 일입니다. 이 과정 이 없으면 정보가 머리에 거의 남지 않습니다.

'이번 시험에 꼭 합격한다!' 또는 '전문 자격증을 따고 싶다'처럼 잘 기억하려면 무엇보다 먼저 기억의 목적이 있어야 합니다. 왜 그것을 외 우는지, 외워서 어떤 결과를 이끌어낼 것인지를 스스로 분명하게 인식 하는 것이 중요합니다.

02

노력의 동기부여가 필요한 진짜 이유

내가 기뻐할 일이어야 잘하게 된다

기억법의 목적은 더 '잘 기억하기'입니다. 이를 위해 두뇌에 입력하는 정보가 더 잘 기억되는 조건을 이해하고, 더 기억하기 쉬운 형태로 정보를 바꾸어 두뇌에 입력할 필요가 있습니다.

막연하게 뭔가를 공부하는 상황에서 우리의 두뇌는 정보를 효율적으로 기억해주지 않습니다.

상상해보시기 바랍니다. 만약 들어가고 싶은 대학에 입학시험이 없다면 과연 열심히 공부할까요? 당신의 노력을 평가할 일이 없으니 열심히 외우고 공부할 의미 또한 사라집니다.

시험이 있기 때문에 우리는 기억하려고 애를 씁니다. 시험 결과에 따라 들어갈 대학이 정해지고 덩달아 미래도 바뀌지요. 이것을 아니까 마음속에서 공부할 의지가 샘솟습니다. 진지한 태도로 공부에 임하게 되고, 두뇌 또한 더 잘 기억하고자 합니다.

나를 공부로 이끌게 되는 의욕은 나의 의도에 의해 생겨납니다. 그리고 의도, 즉 하려는 마음은 '목표를 이루면 얼마나 좋을까?'에서 처음 비롯됩니다. 요컨대 '그 대학에 들어가면 정말 기쁘겠지!'라는 생각이 공부와 기억 효율을 높이는 것입니다. 내가 기뻐할 일이어야 꾸준히 하고, 잘하게도 되는 이치이지요.

공부를 하면서 잘 외워지지 않는다면 실은 외우고 싶은 마음이 부족하기 때문일지도 모릅니다. 이때는 암기법이 아니라 외워야 할 이유를 찾는 게 우선입니다. '공부(암기)할 마음이 들지 않아'라는 생각이 마음 한쪽에 자리 잡고 있다면 다음처럼 자문해봅니다.

'나는 왜 이걸 공부하려고 하지?'

'이것들을 다 외워서 얻게 되는 장점은?'

이렇게 찾은 목적에 초점을 맞춥니다. '그 목적이 이루어지면 내 미래는 얼마나 즐거울까?'를 떠올리는 것입니다. 자, 어떤가요? 여기에 대한 대답이 'YES'라면 바로 공부를 시작하면 됩니다. 만약 'NO'라면 'NO'를 'YES'로 바꾼 다음에 책을 펼치는 게 좋습니다.

'이번 시험에 붙으면 내 인생이 달라진다!'

이처럼 의욕이 샘솟게 될 무언가를 찾는 게 먼저입니다. 기억해야 할 이유가 없는데, 기억이 잘될 리는 없습니다.

03

즐거움이 나의 행동과 결과를 바꾼다

즐거움은 두뇌를 활성화시키는 원동력

그 일을 하고 있으면 시간 가는 줄 모르게 되는 취미가 있을 것입니다. 친구와 수다를 떠는 게 너무 즐거워서 문득 시계를 봤더니 몇 시간이나 지나 있던 적도 있을 테지요. 바로 그 같은 때에 우리의 두뇌는 활성화되어 있습니다.

두뇌는 즐거움(KAI)을 좋아합니다. 두뇌는 즐거움이 느껴지면 뇌 기능이 활성화되는 특성이 있습니다. 너무 재미있어서 어쩔 줄 모를 때의 경험이나 당시의 대화를 수십 년이 흘러도 생생하게 기억하는 것은 그일이 두뇌에 인상 깊게 새겨져 있기 때문입니다. 이러한 두뇌 특성을 기억에 활용할 수 있습니다. 공부해야 할 때 두뇌를 즐거움 상태로 가져가는 것입니다.

당신이 어떤 자격증을 꼭 따야 할 상황에 놓였는데, 정작 공부할 마음은 내키지 않습니다. 쉽게 말해 '시험은 하루하루 다가오는데, 공부하기는 싫어…'라는 마음 상태인 거지요. 이때 해당 자격증을 딴 미래가 당신에게 '즐거움'으로 느껴진다면 공부에 앞서 거기에 초점을 맞춰 보시기 바랍니다.

'이 자격증을 꼭 따서 내가 원하는 회사로 옮긴다!'

'원하는 대학에 들어가기 위해서라도 이번 시험만큼은 반에서 반드시 1등을 한다.'

이러한 보상 없이, 자격증을 따도 좋은 일이 전혀 보이지 않는다면 공부한 내용은 머리에 온전히 쌓이기 어렵습니다.

즐거움의 공부 효과는 정말 큽니다. 즐거움은 두뇌의 측두엽이나 전두엽, 측좌핵(동기부여나 보상의 느낌, 쾌락을 담당하는 부위) 등에 영향을 미칩니다. 이 말은 즐거움이 두뇌의 의욕과 기억력, 학습 능력, 상상력을 자극한다는 뜻입니다.

별로 내키지 않는 일을 어쩔 수 없다는 생각에 억지로 했다가 결국 낭패를 본 경험이 있을 것입니다. 우리의 두뇌는 정직합니다. 두뇌는 어느 때든 꼭 원하는 게 있습니다. 바로 '그 일을 함으로써 얻게 되는 보상'입니다. 한편으로 이러한 보상은 우리의 개인적인 욕구와 일치하는지 여부가 중요합니다. 그것을 하는 목적이 부모님이 하라고 하시니까, 선생님이 그렇게 말하니까, 상사가 시키니까 따위여서는 안 됩니다. 내 자신이 정말 원하는지가 관건입니다. 지금부터 하려는 공부의 목적이 '나의 기쁨(즐거움)'으로 분명하게 정해졌다면, 우리의 두뇌는 놀라운 능력을 발휘할 준비를 합니다.

공부를 잘하려면 먼저, 공부를 하려는 나의 목적과 보상을 두뇌가 깨닫도록 하는 게 중요합니다.

04

공부에는 호기심과 감동이 필수!?

태어나서 한동안 아무 말도 못 하던 아기가 빠르게 말을 배우는 모습은 정말 흥미롭습니다. 아기들은 어째서 그토록 많은 단어들을 단기간에 외울 수 있을까요? 아기에게는 하루하루가 새로운 일들의 연속으로, 두뇌가 줄곧 흥분 상태에 있기 때문입니다. 외우려고 하지 않아도 그냥 외워지는 것이지요.

어른이 되어서도 역시 감동적인 경험은 기억에 남기 쉽습니다. 어떤 일의 처음 인상이 매우 기뻤다든가, 정말 놀랐을 때는 잊으려고 해도 잊히지가 않습니다. 이것이 우리가 알아야 할 기억의 이치, 첫 번째입니다.

인생에서 가장 기뻤던 일을 떠올려보시기 바랍니다. 운동 경기나 공부에서 모두가 놀랄 만큼 성과를 냈을 때, 결혼했을 때, 아기가 태어났을 때, 내가 진짜 원하는 것을 손에 넣었을 때도 기쁨과 감동의 마음이 샘솟습니다. 이처럼 임팩트 있는 기쁨(즐거움)을 느꼈을 때 뇌리에 입력된 말, 영상, 감정, 감각은 훨씬 잘 기억됩니다.

그런데 즐거움을 느끼며 책상 앞에 앉는다는 게 쉽지는 않지요. 이때는 즐거움 대신에 관심과 흥미라면 어떨까요? 아무 관심이 없는 교재는 10번을 펼쳐도 언제 본 듯싶지만, 흥미 있는 연예인 이야기라면 시시콜콜한 사항까지 머리에 쏙쏙 들어옵니다. 관심과 흥미는 기억의 대전제라고 할 수 있습니다.

'싫어도 공부해야 하니까'라며 두뇌에 부담을 지우는 대신에 호기심, 즐거움의 감정을 앞세울 수 있어야 합니다. '재미있으니까 외우고 싶어!', '공부하는 것 자체가 즐거워!'처럼 적극적인 마음 상태에서 공부할 때 기억 효율은 월등히 좋아집니다.

05

두뇌과학에 기초한 기억 보존법

기억에는 단기기억과 장기기억의 2가지 종류가 있습니다.

단기기억은 초 단위 정도의 시간밖에 유지되지 않는 기억입니다. 예를 들어, 방금 들은 말도 잠깐의 시간이 지나면 반복하지 못하는, 내버려두면 자연히 사라지고 마는 기억이 단기기억입니다.

그에 비해 장기기억은 몇 달, 몇 년처럼 오랜 기간 동안 떠올릴 수 있는 기억입니다. 어떤 그림이나 사진을 봤을 때 '아, 전에 본 적이 있어!'라고 느낄 때가 있지요? 이처럼 장기기억은 오래 기억되고 다시 떠올리기도 쉽습니다.

우리가 별 생각 없이 책을 읽을 때 내용 정보는 상당 부분 단기기억으로 들어갑니다. 그렇기에 책장을 덮고 난 다음에 내용을 떠올리려고 해도 잘 생각이 나지 않습니다.

그런데 책 내용을 단기기억이 아닌 장기기억에 바로 넣을 수 있다면 어떻게 될까요? 한참 시간이 지나도 기억을 떠올리기가 훨씬 수월할 것입니다.

기억이 잘되는 기본 전제는 앞에서 설명한 즐거움, 관심과 흥미 등입니다. 한편으로 기억 보존의 가장 기본은 반복입니다. 사람의 두뇌는 반복되는 정보에 주의를 기울이는 특성이 있습니다.

두뇌에서 기억은 해마가 담당합니다. 두뇌 안쪽에 자리한 해마가 기억의 중추이지요. 새로운 기억은 해마에 일시적으로 보관되는데, 동일한 정보가 반복되면 그 정보를 측두엽에 보내 장기보존합니다. 반복되지 않으면 일정 시간 후에 폐기됩니다.

반복 외에도 정보를 장기기억에 보내는 기억법, 혹은 기억술은 다양하게 있습니다. 뒤에서 설명하는 필기법, 독서법, 포토리딩, 연상법, 기억의 궁전 같은 장소기억법 등이 있고, 망각의 패턴에 기반한 복습법도 참고할 필요가 있습니다.

물론 그 시작은 즐거움, 관심과 흥미라는 사실에 유의하시기 바랍니다. 학습에서 감정이 중요한 이유는 감정중추가 기억중추인 해마와 붙어 있기 때문입니다. 즐거운 감정으로 공부하면 더 잘 기억됩니다.

책 내용을 잘 기억하려면 무작정 읽을 게 아니라 두뇌 특성을 이해해 장기기억에 보존하기 쉬운 방법을 따라야 합니다. 이는 공부나 시험, 업무에서도 마찬가지입니다.

| 기억의 보존과 폐기 |

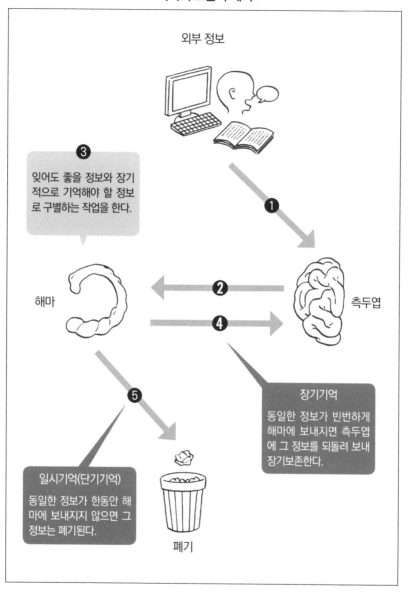

잠재의식 활용이 기억력을 높인다

'사람의 기억 용량에는 한계가 있을까요?' 이런 질문을 받은 적이 있습니다만, 누구나 무한의 기억을 저장할 수 있습니다.

심리학자들에 따르면, 의식은 현재의식과 잠재의식으로 나뉜다고 하지요. 현재의식은 자각할 수 있는 의식, 잠재의식은 의식의 표면에 떠오르지 않는 숨은 의식입니다. 흔히 무의식이라고도 합니다.

계산을 하거나 공부, 발표를 할 때 우리는 자신이 무엇을 하고 있는지 알고 있습니다. 현재의식을 사용하고 있는 것입니다.

그에 비해 옛날 노래를 들을 때 전주만 흘러나와도 나도 모르게 가사를 흥얼거리는 일이 있지요? 인트로 부분을 분명하게 기억하고 있다는 자각이 없는데도 그렇습니다. 이때 우리는 잠재의식을 사용하고 있습니다.

잠재의식에는 의식하지 않아도 기억하고 있는 정보가 무수히 많습니다. 곡의 인트로를 의식적으로 외우지 않았는데도 저절로 귀에 남아 있듯이 말이지요.

미국 심리학자 윌리엄 파딩 박사에 따르면 의식을 현재의식과 잠재의식으로 구분할 때 현재의식은 겨우 5%에 지나지 않고, 나머지 95% 정도를 겉으로는 드러나지 않는 잠재의식이 차지합니다.

잠재의식은 기억의 무한 저장고 역할을 하는데, 많은 양의 정보를 외워야 할 때 이 잠재의식을 의식적으로 활용할 수 있습니다. 더욱이 아무리 많은 정보를 기억해도 사람이 죽을 때까지 잠재의식이 가득 차는 일은 없습니다.

그런데 기억법, 혹은 기억술이 기억 용량을 무한으로 늘려주는 것은 아닙니다. 기억법은 기억에의 인풋과 아웃풋을 가장 효율적인 방식으로 수행하도록 도와줍니다. 또한 기억술은 정보를 정확하고 용이하게 암기하는 테크닉으로써 한정된 시간에 더 많은 정보를 체계적으로 넣고, 다시 꺼낼 수 있게끔 해줍니다.

제법 많이 공부했다고 여겨질 때 '더 이상은 무리! 머리가 꽉 찼어!'라는 생각이 들 때가 있지요? 이것은 우리의 느낌, 혹은 착각에 지나지 않습니다. 현재의식과 잠재의식을 함께 사용하면 생각보다 훨씬 많은 정보를 단시간 내에 기억할 수 있습니다.

07

기억의 질을 결정하는 4단계

우리가 뭔가를 기억하는 데에는 단계가 있습니다. 따라서 목적에 따라 어느 단계까지 외워야 할지가 달라져야 합니다.

먼저 기억이 어떤 단계로 이루어지는지부터 살펴보겠습니다.

1단계 : 정보를 접했을 때 읽어도 의미를 잘 모르는 상태

2단계 : 읽어서 의미를 아는 상태

3단계 : 기억하려고 반복해서 외우는 상태

      (아직 기억에 완전히 정착되지는 않음.)

4단계 : 기억한 것을 바로 떠올릴 수 있는 상태

      (기억에 완전히 정착되어 있음.)

예를 들어, 회의나 미팅 자리에서는 기억 2단계의 '의미를 알고 있는 상태'까지 준비하지 않으면 대화 취지에 맞는 발언을 할 수 없습니다.

바꾸어 말해, 2단계까지 준비하면 됩니다.

시험을 볼 때는 4단계의 '기억한 것을 바로 떠올릴 수 있는 상태'가 되어야 정답을 맞힐 수가 있습니다.

공부를 할 때는 기억의 어느 단계까지 요구되는지를 미리 파악하는 것이 중요합니다. 각각의 단계에 따라 공부 방법이 달라지기 때문입니다. 읽어서 의미만 알아도 되는 것을 굳이 완전히 암기할 필요는 없으니까요.

각 단계에 따른 공부 방법은 이렇습니다.

1단계 : 책장을 술술 넘기며 눈으로 내용을 훑는다.
2단계 : 책을 읽으며 내용을 이해한다.
3단계 : 핵심 내용의 복습을 되풀이한다.
4단계 : 아무것도 보지 않고 책의 요점을 설명할 수 있다.

이 책에서는 빠르게 기억하고, 오래 기억할 수 있는 방법을 설명합니다. 즉, 이 책을 통해 기억 3단계에서 4단계까지 가장 효율적으로 정착시키는 방법을 익히게 됩니다.

08

기억에 효율적인 15분 단위 공부법

두뇌가 지치기 전에 공부를 멈춘다

"한 번에 외울 수 있는 양은 정해져 있을까요?"라는 질문을 받은 적이 있습니다. 간단히 말하자면, 기억할 수 있는 양은 정해져 있지 않습니다. 다만 집중할 수 있는 시간에는 한계가 있습니다.

'이제 집중해서 공부하자! 열심히 외우자!'라는 마음으로 공부할 때 한 번에 깊이 집중할 수 있는 시간은 15분이라는 연구가 있습니다. 집중력 주기가 15분 간격으로 반복된다는 가설도 있고요. 학교 수업 시간을 15분의 배수, 즉 30분, 45분 등으로 정한 곳이 많은 것도 집중력 시간 주기의 영향이라고 합니다.

한 번에 집중할 수 있는 시간을 무시해 장시간 동안 너무 많은 내용을 주입하면 당연히 기억의 질이 떨어집니다. 효율적인 기억을 위해서라도 '지쳤어! 더는 못하겠어'라는 생각이 들기 전에 휴식을 취하는 게 낫습니다. 공부에 지쳤다는 생각이 들면 두뇌는 그 이전에 충분히 지친 상태입니다. 두뇌가 지쳤기 때문에 내게 '쉬고 싶다'는 명령을 내렸다고 할 수 있습니다.

지칠 때까지 공부하는 습관을 되풀이하면 두뇌는 '공부 = 지치게 하는 것'으로 인식해 기억하는 일에 강한 거부감을 보이게 됩니다. 공부하고 싶은 마음 자체를 억누르기 때문에 역효과이지요.

공부는 지치기 전에 일단 멈추는 게 좋습니다. 15분 주기를 염두에 두고 잠깐 기지개를 켜거나 스트레칭, 가벼운 휴식 등을 취하는 식이면 됩니다. 공부 중간에 간단한 운동을 하면 뇌에의 혈류가 증가해 두뇌 기능이 좋아집니다. 이는 장시간 이어서 공부하는 것보다 기억력 향상에 더 효과적입니다.

15분 단위 공부법을 한번 실천해보시기 바랍니다.

15분으로는 공부 흐름이 중간에 끊어질까 염려된다면 30분 집중을 시도해도 좋습니다. 하지만 아무리 길어도 60분에 한 번은 쉬어야 합니다.

기억 효율을 높이는 데에는 당신의 마음(두뇌)이 편안하게 받아들일 공부 시간 간격을 찾는 것도 중요합니다.

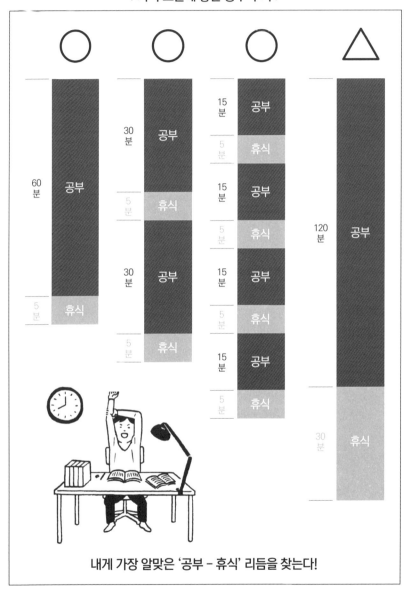

내게 가장 알맞은 '공부 – 휴식' 리듬을 찾는다!

09

몸을 써서 외우면 더 잘 기억된다

시각, 청각, 체감각을 이용하는 암기법

뭔가를 암기해야 할 때 마음속으로 외우기보다 소리를 내어 외우면 더 효과가 있습니다. 예컨대 Book과 '책'은 소리를 내는 입 근육이 다릅니다. 잠재의식 측면에서 입 모양의 감각이 단어를 떠올리는 하나의 단서가 되지요. 그래서 소리를 내어 외우면 기억에 정착되기가 더 쉽습니다. 소리 내어 외울 때는 말, 문장, 생각이 본인에게 스며들게끔 반복하는 게 중요합니다. 입으로 말할 때는 귀로 듣게 되므로 소리로서도 기억에 남습니다.

두뇌에 정보를 주입할 때 **시각, 청각, 체감각**(발음, 제스처)의 **3가지 감각을 동시에 사용하면 암기가 더 잘됩니다.**

3가지 감각을 동시에 사용하는 방법은 이렇습니다. 손가락 하나를 세워 암기할 부분을 하나하나 가리키며 반복해 말하거나, 내용을 깊이 수긍하는 상태에서 무릎을 치며 '바로 이거야!'라고 말합니다. 생각뿐만 아니라 몸이 함께 기억하도록 하는 것입니다.

① 핵심 부분을 손가락으로 가리키며 '여기서 핵심은 ○○와 ○○!'라고 말하며 외운다.

② 중요한 단어를 5~10초 동안 응시하며 눈에 각인시킨다.

③ 연습장이 없을 때는 외워야 하는 단어를 허공에 쓰며 소리 내어 말한다.

10

암기가 훨씬 쉬워지는 연상기억법

암기 사항에 기억의 단서를 결합한다

암기법 이야기를 하면 곧잘 '연상법으로 외우면 쉽게 외워지고 기억도 오래 간다'라는 말이 나오곤 합니다.

사실 그렇습니다. 연상(association)은 서로 이어서 생각한다는 의미이지요. 원래 알고 있는 지식과 새롭게 외우는 내용을 결합하면 단번에 떠올리기가 훨씬 수월해지기 때문입니다.

연상기억법에서도 시각이나 청각, 체감각을 연결하면 기억을 다시 떠올리는 데 효과적입니다.

예를 들어, 시각을 사용하는 경우입니다. 병인양요(1866)라는 사건을 외울 때 '병든 양(병인양요) 66마리'('암기쌤 한국사' 블로그에서 예시 인용)의 이미지를 떠올려 외웁니다. 일본어 히라가나 お(오)를 물 위에 떠 있는 '오리' 모습과 연결하는 것도 마찬가지입니다(お는 오리 이미지와 비슷하지요).

암기할 때 이미지를 심상화해서 결합하면 머릿속에 더 잘 들어옵니다. 글보다 이미지가 더욱 잘 기억되기 때문입니다.

이미지는 텍스트보다 오래 기억에 남는다.
오리 이미지로 히라가나 'お(오)' 외우기

시각이 아니라 발음(언어유희)을 이용할 수도 있습니다.

이순신 장군의 3대 대첩(한산, 명량, 노량)을 외울 때 '이순신이 말하기를 **한 명도 노**(놓)치지 마라', 정유재란 발생연도 1597은 '**정유**소에서 **구취**(97)가 난다'라는 식으로 외우는 것이지요. 영어 단어 'guilty(길튀 ; 유죄의, 죄를 저지른)'는 '<u>죄를 지었으면 일단 **길**에서 **튀어라**</u>' 등의 표현으로 바꿔 암기합니다.*

체감각(제스처)을 사용하는 암기법도 있습니다. 'sharp'는 '날카롭다, 예리하다'는 뜻이지요. 이 단어의 암기는 '샤프는 끝이 날카롭다'라고 외우며 손에 든 샤프 끝을 확인하는 듯한 손짓을 합니다.

---

* 일본어를 기반으로 한 예문이 적절하지 않아 인터넷에 떠도는 암기법 예시로 바꾸었습니다. – 옮긴이

암기 대상에 '의미'를 연결할 수도 있습니다. 예컨대 저의 이름 야마구치(山口)는 '산의 입구'라는 뜻으로 기억할 수 있습니다. 이때 제가 산 입구에 서 있는 이미지를 떠올리는 식으로, 기억 단서를 중복해서 결합하면(의미 + 시각) 기억은 더욱 강해집니다.

"어, 그렇게 외워도 돼요?"라고 생각할지 모르겠습니다. 하지만 암기에는 간단한 단서를 결합하는 게 효과적입니다.

뭔가를 보고, 듣고, 외워도 시간이 지나면 우리는 그중 많은 것들을 잊어버립니다. 옛 기억을 꺼낼 아무런 단서도 남아 있지 않기 때문입니다. 그런 정보들을 간단한 단서와 연결해두는 것이 바로 연상기억법입니다.

앞에서 기억의 대전제는 즐거움, 관심과 흥미라고 했지요? 그래서 **연상법은 본인이 직접 만드는 게 더 효과가 있습니다.** 다른 사람들이 내 암기 방식을 어떻게 생각하는지는 아무 상관없습니다. 내가 잘 외워지고 오래 기억되는 방법이라면 그것이 최선입니다.

기억을 언제든 바로 꺼내는 방법

사람 이름이나 상식, 전문 정보를 틀림없이 외웠는데, 막상 필요한 순간에 떠오르지 않았던 경험이 적지 않을 것입니다. 이는 의식 아래(장기의식)에 정보가 들어 있기는 해도, 그 기억을 원하는 순간에 꺼내지 못하는 상태이기 때문입니다.

내 딴에는 열심히 노력해서 장기기억에 넣었어도 시험이나 프레젠테이션처럼 중요한 때에 기억을 꺼낼 수 없다면 아무 의미가 없습니다. 필요한 정보는 장기기억에서 언제든 꺼낼 수 있게끔 처음 입력할 때에 요령이 필요합니다.

기억이 떠오르는 힌트가 되는 '기억 갈고리(단서, 후크)'를 만들어 외우는 것도 하나의 방법입니다. 임팩트가 강한 이미지나 영상, 발음, 냄새, 맛 등을 갈고리로 활용할 수 있습니다.

예컨대 국제영화제로 유명한 스페인의 산세바스찬을 쉽게 기억하려면 '세바스찬이라는 소년이 산에서 영화를 보는' 모습, 혹은 '살아서(산)

영화를 보는 세바스찬'을 시각화하면 됩니다. 그 이미지가 기억의 갈고리입니다. '살아 있는' 세바스찬의 모습을 몇 번 시각화하면 언제든 기억에서 꺼낼 수 있는 회로가 완성됩니다.

두뇌는 말보다는 이미지 같은 시각 정보, 스토리를 더 잘 기억합니다. 그리고 기본적으로 기억은 반복이 중요합니다. 두뇌의 대뇌피질에는 늘 수많은 정보가 들어오는데, 두뇌는 반복되는 정보를 자신에게 필요하다고 판단하기 때문입니다.

2500년을 이어온 기억 비결, 장소기억법

기억법의 아버지로 불리는 이가 있습니다. 기원전 5세기, 그리스의 시인 시모니데스입니다.

대연회장에서 시낭송을 하던 그가 자리를 비운 사이에 건물이 무너지는 참사가 일어납니다. 시모니데스만이 유일하게 살아남았고, 그는 유족들에게 누가 건물에 깔렸는지를 설명해야 했습니다. 시모니데스는 눈을 감고 건물이 무너지기 직전의 상황을 떠올렸습니다. 사람들 각자가 어디에 앉아 있었는지를 마치 그림을 보며 말하듯이 모두 떠올릴 수 있었지요.

이때 시모니데스는 깨달았습니다. 가상의 공간을 만들어 거기에 기억할 내용을 이미지로 채워 넣으면 세상의 어떤 것도 다 기억할 수 있다고 말입니다. 그것이 바로 장소기억법입니다. 종이와 인쇄술이 없었던 당시에 기억술은 유용한 정도 그 이상이었습니다. 아무것도 보지 않고 학문을 익히고, 토론, 연설을 해야 했으니까요.

이후 장소기억법은 기억의 궁전(mind palace), 기억의 방, 로먼 룸 기억법 등으로 불리며 최고의 기억술로서 오늘날까지 이어져오고 있습니다. 수백 자리의 숫자, 단어를 술술 외우는 기억력 천재들도 거의 이 방법을 응용하고 있지요.

기억의 궁전은 자신에게 익숙한 장소와 그 안의 물건들로 기억 공간을 만들어두고, 외워야 할 것들을 순서대로 배치하면 됩니다. 궁전이라고 해서 진짜 궁전, 혹은 건물일 필요는 없습니다. 기억 장소는 집, 교실, 우리 동네, 나의 몸, 생활용품 등 무엇이라도 좋습니다. 다만, 하나의 장소는 다음 장소와 닿아 있어야 하고, 눈을 감고도 순서를 떠올릴 수 있을 만큼 익숙한 곳이어야 합니다.

이런 장소를 처음에는 10개 혹은 20개 정도를 정해 번호를 붙입니다. 예를 들어 〈1 현관, 2 소파, 3 탁자, 4 싱크대, 5 냉장고 …〉 같은 식입니다. 사람의 몸과 책상이라면 〈1 머리, 2 허리, 3 다리, 4 책꽂이, 5 독서대, 6 책가방 …〉도 좋습니다. 집 근처 '공원, 편의점, 세탁소, 포장마차' 따위를 장소로 이어도 됩니다.

이 장소들을 머릿속에 떠올리고, 외워야 할 항목을 하나씩 결합해 '생생한 이미지'로 머릿속에 넣습니다. 예컨대, 아내 심부름으로 남편이 다이소에서 '반창고, 사인펜, 화분, 양말, 행주'를 사야 한다면 다음처럼 장소를 연결해 이미지화합니다.

- 와이프가 **현관**에 반창고로 편지를 붙여두었다.
- 아들이 **소파**에 빨간 사인펜으로 포케몬을 그렸다.
- **탁자** 위 화분에 대파가 심어져 있다.
- **싱크대**에 내 양말 빨래가 걸려 있다.
- **냉장고** 계란 칸에 계란은 없고 행주가 들어 있다.

이처럼 내가 순서를 정해둔, 아주 익숙한 장소에 하나씩 연결해 이미지로 외우고 다이소에 가서는 현관, 소파, 탁자 순으로 머릿속을 따라 걷기만 하면 됩니다. 이때 지루하고 일상적인 이미지보다는 '재미있고, 색다르고, 외설적인' 이미지로 결합하면 더욱 잘 기억됩니다. 두뇌가 그런 스토리를 더 좋아하기 때문입니다.

장소기억법을 포함해 모든 기억술의 핵심은 다음의 2가지입니다.

① 기억은 시각 이미지를 좋아한다.

② 기존 정보에 새로운 것을 연결해 의미(스토리)를 부여한다.

기존 정보에 의미 부여하기는 예컨대 "그 사람 이름을 처음 들었을 때 오랑우탄이 떠올랐어"에서 기존 정보인 오랑우탄에 새로운 대상(그 사람 이름, 생김새)을 연결하는 식입니다.

장소기억법은 장소 규칙만 잘 정해두면 얼마든지 기억의 방을 많이 만들 수 있습니다. 일례로 다음과 같은 식이면 100개, 200개라도 가능합니다. 실제 기억력 선수들은 이보다 훨씬 방이 많고 거대한 '궁전'을 머릿속에 지어두고 있습니다.

	0의 자리 방			10의 자리 방			20의 자리 방…
1	4	7	1	4	7
2	5	8	2	5	8
3	6	9	3	6	9

기억술을 익히면 좋아지는 것은 기억력뿐만이 아닙니다. 기억술을 통해 이미지와 비유로 사고하는 방식에 익숙해지면 이야기를 만들어내는 힘, 창의성, 관찰력 등이 길러집니다.

12

통암기를 할수록 망각도 많아진다

핵심 키워드만 머릿속에 담아도 충분하다

뭐든 통째로 다 외울 수 있다면 얼마나 좋을까요! 저도 만화 〈도라에몽〉을 보면서 '노트 필기를 식빵으로 찍어 먹으면 통째로 외워지는 암기 빵이 있었으면…' 하고 생각한 적이 몇 번 있었습니다.

사자성어를 몇 개 외우는 정도는 몇 번만 반복해도 거의 외울 수 있지요. 하지만 많은 단어나 문장을 통째로 외우려면 결코 쉽지 않습니다. 실제 통암기를 하려고 하면 두뇌에서는 다음의 3가지가 암기를 가로막습니다.

① 애당초 암기하는 데 시간이 많이 걸린다.
② 떠올리는 데도 상당한 노력이 필요하다.
③ 외워야 할 게 많은 것 자체로 의욕이 나지 않는다.

이 3가지 중 하나라도 해당되면 외운 내용을 차차 잊어버릴 수밖에 없습니다. 쉽게 말해 많이 외워야 할수록 잘 외워지지 않고, 많이 까먹고, 외우기도 싫다는 말이지요.

실질적인 기억력 향상을 바란다면 '시험공부 = 통암기'라는 생각부터 버려야 합니다. 통암기는 머리가 좋거나, 혹은 기억력이 좋다고 해도 결코 효율적인 암기 방법이 될 수 없습니다.

사람은 원래 망각의 동물입니다. 그 대신 사람의 기억은 연상의 거미줄로 얽혀 있습니다. 단적인 예로 '크리스마스, 선물, 썰매'라는 단서가 주어지면 누구나 어렵지 않게 산타클로스를 떠올릴 것입니다.

통암기를 하지 않고 키워드만 제대로 머릿속에 넣어도 시험이나 회사 업무에 충분히 대응할 수 있습니다. 핵심 키워드가 전체적인 내용을 끄집어내는 '기억의 단서' 역할을 하기 때문입니다.

이는 수강생들의 실제 시험에서도 증명되었습니다.

"이것저것 다 외울 필요 없이 핵심만 외우자!"

"통암기를 하지 않아도 된다고 생각하는 것만으로도 마음 편하게 시험을 준비할 수 있었어요."

내용을 다 외워야 한다는 부담이 없는 데다가 효율적인 암기를 적극적으로 시도하게 되는 것이지요.

중요한 내용을 빨리 외우려면

두뇌에 '이것은 중요!'라고 각인시킨다

암기 분량이 아주 많으면 어디부터 외워야 좋을지 난감할 때가 있습니다. 외우기는 다 외워야 하는데, 양이 많으니까 엄두가 나지 않기도 합니다.

두서없이 무작정 외우면 잘 외워지지 않고 기억 정착도 늦습니다. 기억 효율이 상당히 떨어지지요.

이럴 때는 뼈대가 되는 부분부터 먼저 외우는 게 좋습니다. 그리고 외울 때에 "이것은 중요! 꼭 필요!"라는 식으로 주문을 걸면 기억에 정착되기가 더 쉬워집니다. '중요하다!'라는 암시가 두뇌에 임팩트를 주기 때문입니다.

예를 들어 정부 조직도를 외울 때에 18부 5처 17청과 그 수장들 이름을 막연하게 다 외우려고 하면 머리에 잘 들어오지 않고 외우기도 싫습니다. 하지만 중요한 부처, 평소 관심이 있었거나 힘이 있는 자리로 생각되는 것부터 '이것은 중요!'라고 외치면서 외우면 암기 효율을 높일 수 있습니다.

국무총리, 기획재정부, 교육부, 국방부, 외교부 등 이것들을 외우지 못하면 이 앞도 없다는 생각으로, '이것은 중요! 꼭 필요!'라고 마음에 다지며 머릿속에 차례대로 넣습니다.

줄기가 없는데 그 많은 이파리들이 머릿속에 차곡차곡 정리되어 들어가기는 어렵습니다. 외워야 할 분량이 많을 때는 줄기에 해당하는 부분부터 "이것은 중요! 진짜 중요!"라며 두뇌에 주의를 주면서 외우시기 바랍니다.

14

기한을 정하면 두뇌가 더욱 활성화된다

두뇌 효율을 극대화하는 공부법

'○○일까지'라고 기한을 정하지 않으면 두뇌는 능동적으로 기능하지 않을 가능성이 높습니다.

대학입시나 자격증 취득처럼 날짜가 정해진 시험을 준비할 때는 언제까지 어떤 공부를 끝낼 것인지 그 기한을 명확하게 설정하는 것이 기억에 더 유리합니다.

다만 주의할 게 있습니다. 현재 자신의 능력으로 충분히 소화 가능한 분량을 꽤 여유를 갖고 스케줄을 짜서는 안 됩니다. 두뇌 효율성이 떨어지기 때문입니다.

쉽고 간단한 내용이라면 시일을 가급적 단축해 오래 붙잡고 있는 일이 없도록 합니다. 어려운 내용이라 하더라도 '이 날짜까지 끝낼 수 있으면 좋을 텐데…', '열심히 하면 충분히 가능해!'라는 생각이 드는 날짜를 공부 시한으로 정합니다.

꼭 달성했으면 하는 바람은 본인이 원하는 결과에서 조금 더 높게 목표 설정을 하는 게 좋습니다.

조금 더 높은 목표 설정이란, 예를 들어 이렇습니다. 자격증 취득을 위해 공부하는데 '단번에 합격'에 더해 '성적 우수자 10등 안에 들어간다!'처럼 목표를 높이는 것입니다. 이것이 더 효율적인 기억과 공부를 가능하게 해줍니다.

생각하는 것만으로 마음이 설레고, 그래서 **공부 의욕이 샘솟는 목표를 설정하면 두뇌 효율은 더욱 높아집니다.** 우리의 두뇌는 이 같은 상상을 좋아하고, 더 높은 목표를 달성할 수 있도록 나를 도와주기까지 합니다.

조금 더 높이 설정한 목표는 공부 몰입도를 높여주기도 합니다. 상대적으로 짧은 시간에 더 많은 내용을 이해하는 훈련이 되는 것입니다. 훗날 다른 분야를 공부할 때 그 같은 몰입이 있고 없고는 이해도에서 큰 차이를 가져옵니다.

외울 수 없다고 생각하면 더 외우기 어렵다

불안은 두뇌에 큰 마이너스가 된다

공부를 하다 보면 불안할 때가 있습니다. 시험이 얼마 남지 않았다거나 공부할 양이 많고 어려운 내용일수록 더 그렇지요.

'어렵네…. 언제 다 공부하지 ㅠㅠ'

'며칠 남지도 않았는데 이 많은 내용을 외우는 건 무리야.'

책상 앞에 앉기는 했어도 이처럼 투덜대며 걱정만 앞서던 경험이 다들 있을 것입니다.

심정이야 충분히 이해하지만 혼잣말이든 생각이든 자신을 불안하게 만드는 말은 두뇌 활용에 큰 마이너스입니다.

스스로에게 과도한 불안감을 주는 말이나 생각을 거듭하면 두뇌는 그 말, 그 생각 그대로 기능해버리고 맙니다. '외울 수 없어. 외울 수 없어…'라고 생각하면 할수록 두뇌는 '외워서는 안 돼'라고 받아들이기 때문입니다. 그 결과, 공부와 암기 효율은 떨어질 수밖에 없습니다.

마치 다이어트 중에 '먹으면 안 돼. 먹으면 안 돼!'라고 생각을 거듭해보지만 결국 먹고 마는 것과 비슷합니다. 잠재의식은 부정적인 메시지를 우리의 의도와는 반대로 부정적인 방향 그대로 처리하는 특성이 있습니다.

한 번에 모든 것을 술술 기억할 수는 없습니다. 불안해지는 것도 어쩌면 당연합니다. 하지만 불안한 마음이 든다고 해서 걱정만 하고 있을 게 아니라 긍정의 메시지를 띄워보기 바랍니다.

'아, 조금 불안한데…. 그래도 괜찮아! 반복해서 외우면 금방 다 외워질 거야!'

이처럼 스스로에게 긍정의 말을 건네는 편이 훨씬 낫습니다. 나의 두뇌가 그렇게 해주기를 바란다면 말이지요.

'오늘도 영어 단어가 영 안 외워지네'가 아니라 '오늘은 영어 단어를 꼭 10개 외우자', '1장까지라면 충분히 끝낼 수 있을 거야'라는 식이어야 합니다. 잠재의식에 구체적, 긍정적으로 말 걸기는 자기암시의 기본입니다.

암기가 정말 어려울 것 같은 상황에서도 '어떻게 하면 다 외울 수 있을까?'라고 자문하는 습관을 들이기 바랍니다. 긍정의 생각이 긍정의 현실을 앞당겨줍니다.

집중력을 높여주는 크레이티브 릴랙스

크레이티브 릴랙스(creative relax)라는 말을 들어본 적이 있나요? 간단하게 설명하자면 '창조적인 활동에 더욱 집중하기 위해 의도적으로 휴식을 취하자(릴랙스)'라는 것입니다.

예를 들어, 3시간 동안 집중해서 공부한 다음에 바깥에서 잠깐 동안 산책하며 심호흡을 몇 번 합니다. 그러면 공부에서 벗어났으니 기분 전환이 되고 심호흡을 통해 두뇌에 산소 공급이 원활해집니다. 참고로 마음의 안정을 위한 호흡은 3회 정도 천천히, 코로 들이마시고 입으로 내쉬는 게 기본입니다.

이처럼 **두뇌 컨디션을 좋게 만들어 집중력을 높이는 휴식법을 크레이티브 릴랙스**라고 합니다. 집중해서 공부하거나 업무를 볼 때 중간중간 릴랙스하는 시간을 가지는 편이 머리가 훨씬 잘 돌아갑니다.

크레이티브 릴랙스를 할 때는 다음의 2가지 포인트를 염두에 두고 실천하는 게 더욱 효과적입니다.

① 스스로에게 주는 소소한 보상으로 느낄 것
② 오감(五感)으로 느끼는 크레이티브한(창조적인) 활동

집중해서 공부하는 도중에 잠깐 공부를 멈추고 차를 마신다고 합시다. 이때 그냥 페트병 차를 마실 게 아니라, 좋아하는 차에 차 주진자와 찻잔을 준비해 기분을 내는 것이지요.

간식을 먹는다면 좋아하는 과일을 깎아 먹는다든지 스무디를 만들어 먹습니다. 스스로에게 고역이 되지 않는 창조적인 릴랙스라는 게 포인트입니다. 밖으로 나가 산책하거나 누군가와 잠깐 대화하는 것도 하나의 방법입니다.

이러한 일들은 열심히 공부한 나에게 주는 작은 보상으로 여기는 게 좋습니다. 열심히 했으니까 보상을 받는 것이고, 보상을 받았으니까 또다시 열심히 하게 되는 이치입니다.

집중과 집중 사이에 의도적으로 릴랙스를 넣음으로써 집중력을 높이고 스트레스를 줄이는 것이 크레이티브 릴랙스의 목적입니다.

지금보다 10배 더 잘 기억하는 책 읽기

기억에 잘 남는 책은 따로 있다

여러분은 책을 고를 때 무엇을 기준으로 하시나요?

평소에 신뢰하는 사람이 추천한 책이라면 별로 망설이는 일 없이 사게 될 테지요. 그렇지 않고 스스로 고를 때에는 책 제목이나 인상적인 띠지 카피, 목차나 본문의 처음 몇 장, 한눈에 들어오는 표지 디자인 등이 결정을 내리는 요인이 될 것입니다. 그런데 이들 요소가 책을 읽을 때의 기억력과 관계가 있을까요?

네, 있습니다. 그래서 고만고만한 내용의 책 몇 권 중에 고르는 경우라면 기억에 잘 남을 책을 고르는 게 좋습니다.

내가, 엄밀히 말해 나의 두뇌가 그 책을 받아들였다는 것은 다른 책보다 그 책에 대한 임팩트가 더 컸다는 것을 의미합니다. 처음의 임팩트, 그러니까 첫인상이 강하면 나중에 책을 읽을 때도 상대적으로 기억에 남기 쉽습니다.

표지에는 제목 말고도 카피가 큼지막하게 씌어 있는데, 여기에 마음이 꽂히는지의 여부도 중요합니다. 눈길을 끌 만큼 인상적인 책이 내용을 기억하는 데 더 유리할 것입니다.

목차도 참고사항입니다. 목차나 본문의 처음 몇 페이지를 보면서 읽고 싶은 생각이 마구 샘솟는다면 이 또한 기억에 잘 남을 책에 속합니다.

저자의 프로필도 마찬가지입니다. 당신의 관심을 끌 만한, 설득력 있는 배경을 지닌 사람인지의 여부가 기억에 영향을 미칩니다.

마지막으로, 기억에 잘 남는 책을 고를 때 간과해서는 안 될 것이 책의 디자인입니다. 표지 디자인이나 본문 일러스트, 서체 등이 내 취향에 맞는지도 고려해봐야 합니다. 디자인 취향이 맞지 않으면 책을 사더라도 무의식중에 손이 가지 않기 때문입니다.

내 눈길을 끄는 디자인과 일러스트

내 눈길을 끄는 디자인과 일러스트

내 눈길을 끄는 디자인과 일러스트

학생이 아닌 한 누구도 당신의 책 읽기를 테스트하지 않습니다. 자격증을 위해 꼭 필요한 참고서라면 싫어도 열심히 읽어야 하겠지만, 기억력을 높이기 위해서라면 당장은 '내가 정말 읽고 싶은 책'을 사는 게 중요합니다. 이는 기억의 대전제인 즐거움과 흥미, 관심과도 일맥상통합니다.

자녀에게 책을 사줄 때도 그렇습니다. 주위에서 좋은 책이라고 하니까 사주는 게 아니라, 아이가 좋아하는 책을 직접 고르게 하는 것이 내용을 기억하게 하는 데 훨씬 좋습니다.

어른의 일방적인 책 선택이 거듭되면 아이의 두뇌에는 '책 = 싫은 것, 괴로운 것'이라는 인상이 뿌리내립니다. 훗날 책을 싫어하거나 공부도 싫어할 우려가 있으므로 피해야 하겠지요.

두뇌는 스스로 선택해서 공부한 것을 더 깊이 기억하는 경향이 있습니다. 내 기분과 취향에 따라 자유롭게 고른 책이 나중에 머리에도 더 잘 남습니다.

사람은 자신이 흥미를 가진 분야에서는 놀라운 기억력을 발휘합니다. 이와는 정반대로, 본인이 내키지 않는 책은 읽어도 그다지 기억에 남는 게 없습니다. 읽은 시간이 아까울 뿐입니다.

17

책을 읽는 목적을 분명히 한다

목적이 뚜렷해야 두뇌도 돕는다

책을 사기 전에 어떤 목적으로 그 책을 원하는지 분명히 인식하는 게 중요합니다. 목적이 없으면 출구가 보이지 않는 미로에 들어가는 것과 같습니다.

지금 있는 방 안에서 눈을 감아보기 바랍니다. 당신의 방에는 붉은색 물건이 몇 개 있습니까?

이렇게 잠시 떠올려본 다음에 눈을 뜹니다. 그러면 붉은 색 물건이 바로 눈에 들어옵니다. 이는 어째서일까요? 바로 '붉은 색을 찾아라'는 나의 목적에 두뇌가 반응했기 때문입니다. 그래서 눈을 뜨자마자 그 명령을 수행하는 것입니다.

마찬가지로, 목적을 분명하게 인식한 상태에서 책을 찾으면 당신에게 필요한 책이 눈에 훨씬 잘 들어옵니다. 이때 책은 꼭 특정 제목이 아니라도 좋습니다.

예를 들어, 프레젠테이션에서 계약을 성사하고 싶다는 바람이 있을 때 '사람들 앞에서 3분간 멋진 프레젠테이션을 도와줄 책을 찾자!'라고 마음속으로 목적을 정하는 식입니다. 시점에서 한번 시도해보시기 바랍니다.

책을 읽을 때도 그렇습니다. 분명한 목적이 있으면 관련 내용이 눈이나 머리에 더욱 잘 들어오는 법입니다.

당신이 그 책을 사거나 읽는 목적은 누구도 상관하지 않습니다. '다른 사람이 들으면 비웃을 거야'라고 생각되는 목적이라도 좋습니다. 어떤 목적이든 내 마음이 원하는 것이면 됩니다. 목적 없이 책을 사는 것은, 나중에 겨우 그 책을 다 읽었다고 하더라도 돈 낭비이고 시간 낭비입니다.

우리는 살면서 엄청나게 많은 책을 읽습니다. 고대 그리스의 어느 위대한 철학자도 우리보다 책을 많이 읽은 사람은 아마 없지 않을까요? 그런데 이처럼 많은 책들을 일일이 내용을 곱씹으며 정독할 필요는 없습니다. 그렇게 읽어야 할 책도 분명히 있지만, 필요한 정보만 찾아서 읽는 게 더 나은 책들도 있습니다. '모든 책을 정독해야 한다'는 것은 가장 나쁜 독서 습관 중 하나입니다.

18

어쨌든 암기는 반복이 기본이다

반복해서 읽으면 그만큼 기억이 강화된다

기억력을 높이려면 같은 책을 몇 번이라도 되풀이해서 읽는 게 기본입니다. 횟수를 채우는 게 중요하다는 말이지요. 반복해서 읽으면 두뇌에서는 해당 기억이 몇 번씩 갱신되며 강화됩니다.

사람의 기억은 시간이 경과할수록 옅어집니다.

다음 페이지의 '에빙하우스의 망각곡선'에서 알 수 있듯이, 기억은 학습 후 20분 만에 절반 가깝게 잊어버리고, 하루 뒤에는 30%의 기억만 남습니다. 학습 직후부터 하루 안에 기억이 급격히 사라지므로 첫 번째 복습은 빠를수록 좋습니다.

기억이 옅어지는 정보를 다시 주입함으로써, 즉 책을 반복해 읽는 과정을 통해 기억의 안정화가 이루어집니다. 공부 목적으로 교재를 반복해 읽을 때는 다음의 2가지가 포인트입니다.

① 다 읽고 책장을 덮기 전에 중요 부분을 눈으로 훑는다.

② 1장을 다 읽고, 다음 날에 2장을 읽기 전에 1장의 중요 부분을 가볍게 훑어본다.

반복해서 읽는다는 것은 책 한 권을 처음부터 끝까지 통독하라는 의미가 아닙니다. 요점을 반복해서 보는 습관만 들여도 기억의 질에는 분명한 변화가 생깁니다. 키포인트 하나하나가 기억의 단서로 분명하게 자리 잡기 때문입니다.

| 에빙하우스의 망각곡선 |

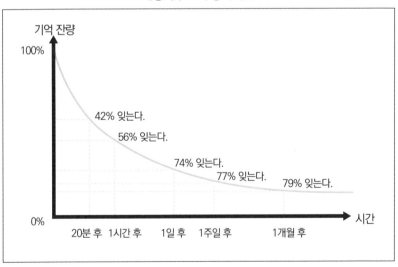

19

암기 횟수를 늘려도 잘 안 외워지는 이유

앞에서 반복 학습이 중요하다는 이야기를 했습니다만, 무작정 횟수만 채운다고 기억력이 좋아지지는 않습니다.

기억을 오래 보존하려면 두뇌가 즐거움을 느끼거나, 나중에 해당 기억을 꺼낼 단서가 머릿속에 남아 있어야 합니다. 다만 기억의 단서가 유용하기는 해도 연상법이든 뭐든 모든 기억에 단서를 달 수는 없습니다. 하물며 공부는 암기만큼이나 '이해'의 비중이 큽니다.

그러면 어떻게 해야 할까요? 다행히 두뇌 특성에 기대는 방법이 있습니다. 바로 '즐거움'입니다.

본인이 책을 고를 수 있다면 '정말 재미있겠다!', '빨리 읽어보고 싶어!' 같은 즐거움의 감정이 샘솟는 책을 선택하시기 바랍니다.

그렇지 않고 교과서나 참고서처럼 딱히 흥미가 없어도 꼭 읽어야 하는 책이라면? 이때는 즐거움의 이유를 스스로 찾아내려는 노력이 필요합니다.

예컨대, 상사가 자료 더미를 숙지하라며 건넨 경우입니다. 외우기에 버거운 분량이지만, 어차피 부딪혀야 할 일이라면 즐거움의 이유를 찾아보시기 바랍니다.

'내가 맡은 업무의 프로가 될 수 있어!'

'부장님에게 인정받을 기회야. 나의 진면목을 보여주자!'

이처럼 조금이라도 즐거움이 되는 목적이 있으면 기억과 암기에 더욱 유리합니다.

'Quality of Life'라는 말이 있습니다. QOL로 표기하고, '삶의 질', '생명의 질' 등으로 번역되지요. 흔히 QOL 지수가 가장 높은 집단은 대도시에 사는 40대 여성, 반대로 가장 낮은 집단은 대도시 40대 남성이라는 연구 결과가 있습니다만, 이 QOL를 높이는 데도 즐거움을 느끼는 목적 설정이 중요하다고 합니다.

두뇌는 받아들여서 기쁜 정보는 잊어버리지 않습니다. 공부에서도 생활에서도 즐거움을 소중히 여기시기 바랍니다.

20

목차를 미리 보면 기억 효율이 높아진다

목차에는 책의 핵심 정보가 집약되어 있다

마인드맵이 생각의 정리와 기억에 효율적이듯이 목차에서 책의 전체 구성을 미리 파악하면 기억에 유리합니다.

암기 분량이 많을 때는 분류해서 외우는 게 기본입니다. 예를 들어, 유치원 원장님이 30명의 아이들 이름을 외울 때 무작정 외우기보다 토끼반, 비둘기반, 기린반 등으로 나눠서 외우는 게 훨씬 편합니다. 분류 항목이 기억을 위한 하나의 단서가 되는 것입니다.

목차 또한 어디까지나 분류이지요. 게다가 실용서 류의 목차에는 각 항목의 제목과 주제가 망라되어 있으므로 책의 키워드 모음집이라고 해도 좋습니다. 요컨대 목차에는 그 책에서 말하고 싶은 것, 중요한 내용이 함축되어 있습니다.

목차를 보면 저자가 말하고자 하는 내용의 방향성, 책의 난이도 등도 가늠할 수 있습니다. 기초적인 내용을 하나하나 친절하게 알려주는 책인지, 아니면 조금 어렵고 학술적인 설명이 중심이 된 책인지 따위를 알려주는 것입니다.

저자의 필치(筆致)도 목차에서 어느 정도 드러납니다. '~하시오' 같은 명령조 표현, '성공하려면 목표가 가장 중요' 같은 단적인 표현, 한자어 말투 여부 등으로 본문을 가늠할 수 있습니다. 곧바로 실천할 수 있는 방법 위주의 설명인지, 이론이나 마인드 중심의 책인지도 목차를 읽어 보면 대충 알게 됩니다.

이처럼 목차를 통해 책의 전체 구성과 설명 방식을 파악함으로써 내용의 흐름을 머리에 사전 입력하는 것이 가능합니다.

어떤 일에 대해 전반적인 사항이 파악되면 사람은 마음을 놓게 됩니다. 편안한 마음 상태라면, 학습의 질이 좋아지고 기억 측면에서도 더욱 효율적입니다.

① 책의 구성, 난이도
② 저자 특성, 어투와 설명 방식
③ 이론 중심인가, 실천법 중심인가?
④ 본문 내용의 전반적인 흐름

목차에서 이 정도 정보를 바탕으로 '예습'을 하고 책을 읽으면 시간 낭비를 크게 줄일 수 있습니다.

21

독서에도 사전 준비가 필요하다

계획해서 읽으면 독서 효율이 높아진다

책의 전반적인 구성과 흐름을 목차에서 파악한 다음에는 학습과 복습 방법을 계획할 차례입니다.

쉽게 말해, 여행을 떠날 때 몇 시쯤 어디에 도착하고, 현지에서 무엇을 할지 대충이라도 정하면 더욱 알찬 여행이 가능해지는 이치입니다. 반면 어디에 가서 무엇을 하고, 언제 도착할지 불분명한 미스터리 여행이라면 그만큼 제대로 돌아보기 어렵습니다.

기억 효율을 높이는 독서도 마찬가지입니다. 미스터리 여행 같은 상태에서 책을 읽는다면 두뇌는 아무런 준비 없이 내용을 받아들여야 합니다. 이는 수업이 어떻게 진행되는지도 모르고 교실에 들어가는 것과 같습니다. 학습이 불안정할 수밖에 없고, 기억에 대한 대응 태세가 갖춰져 있지도 않습니다.

목차를 살핀 후의 독서 계획은 어떻게 읽을지를 미리 가늠해보는 정도로 충분합니다. 예를 들어 이런 식입니다.

〈독서 계획의 예〉

"생각보다 어려운 내용이 많은 책이네."

▶ 조용한 시간대에 차근차근 읽어야겠다.

▶ 챕터 별로 복습하고, 주말에 다시 한번 정리해야겠군.

"분량이 적고 설명도 이해하기 쉬운 책이네."

▶ 출퇴근 전철에서 읽어도 충분할 거야.

▶ 시간 날 때 핵심 부분만 한 번 더 읽자.

"대담 내용이 많이 들어가 있네."

▶ 요점에 밑줄을 그으면서 읽자.

▶ 다 읽고 나서 밑줄 부분만 한 번 더 훑어보자.

이처럼 독서 계획을 하고 읽으면 그 책에 맞춤한 책 읽기가 가능해집니다. 일단 책 읽는 속도부터가 빨라집니다. 두뇌에 독서의 사전 준비를 시키는 효과도 있어서 무턱대고 읽을 때보다 내용이 머리에 더 잘 들어오기도 합니다.

22

책의 핵심을 선명하게 기억하려면

책에서 무엇을 얻을지 미리 질문을 만든다

책의 내용을 보다 선명하게 기억하기 위해서는 미리 질문을 만든 다음에 읽는 게 좋습니다. 두뇌가 마치 자동차 내비게이션의 역할을 해주기 때문입니다. 독서의 목적지를 정해주면 가장 효율적인 길로 우리를 안내해주는 것입니다.

'나는 이 책에서 무엇을 얻을 것인가?'

목적을 가진 두뇌는 그 목적 달성을 위해 활성화됩니다. 알아야 할 정보를 더 기억하기 쉽도록 두뇌가 태세를 전환하는 것입니다. 반면에 아무런 질문이 없고 느닷없이 책을 읽으면 기억 효율은 떨어집니다. 읽고 나서 "좋은 책 같아요", "도움이 되었어요"처럼 막연한 감상만 남을 뿐, 기억으로 정착되기 어렵습니다.

내비게이션에 목적지를 입력하지 않으면 지금 어디를 지나고 있고, 어디를 향하며, 언제 도착하는지를 알 수 없지요. 무심결에 정보를 받아들이게 되는 두뇌도 마찬가지입니다.

책을 읽기 전에 질문을 만드는 요령은 3가지입니다.

① 가급적 구체적인 질문

② 실천하기 쉬운 질문

③ '요령은?', '방법은?'처럼 핵심에 다가가는 질문

그러면 구체적으로 어떻게 질문하면 좋을까요? 읽고자 하는 책에 따른 예를 보겠습니다.

· 자격증 취득을 위한 공부법 책

  ▶ 그 자격증을 따려는 내게 가장 적절한 공부법은?

· 대학 수험서

  ▶ 꼭 마스터해야 하는 부분은 어디?

· 업무 관련 프레젠테이션 책

  ▶ 사람들에게 주목받는 발표 요령은?

· 매출 확대를 위한 마케팅 책

  ▶ 단기 매출 확대를 위한 홍보 & 마케팅 방법은?

· 인재교육 관련 책

  ▶ 업무 만족도를 높여 이직률을 낮추는 방법은?

23

공감하며 읽으면 기억에 오래 남는다

감정에 링크된 기억은 정착이 쉽다

까맣게 잊고 있던 기억이 문득 떠오를 때가 있습니다. 그때까지는 거의 생각난 적이 없었는데, 갑자기 기억이 떠올라 "맞아!" 하고 손뼉을 치며 회상하는 장면입니다.

이때 두뇌에서는 무슨 일이 일어나는 걸까요? 두뇌는 '맞아, 생각났어. 바로 그 일이야'라고 말하고 있습니다. 의식하지 않아도 우리의 두뇌는 그 일을 선명하게 기억합니다.

다시 떠오른 기억은 당연히 아주 인상적인 장면입니다. 배꼽이 빠질 정도로 웃었다거나 마음에 큰 상처가 된 기억들이지요. 반드시 좋은 기억이라는 법은 없습니다.

그 장면에서 내가 느꼈던 감정이 강할수록 기억은 더욱 생생하게 떠오릅니다. 몇 년이 지났어도 잊히지 않을 만큼 임팩트가 강했다면, 처음부터 장기기억에 바로 입력되었다는 의미입니다.

책을 읽다 보면 '이 문장 참 좋은데!'라고 생각되는 구절이 있습니다.

기억을 위한 절호의 기회입니다. 이 부분을 차분하게 읽습니다. 그러면 문장의 의미가 마음에 더욱 와닿는 듯한 느낌이 들 것입니다. 문장에 우리의 감정이 반응하는 순간입니다. 어떤 정보가 감정에 링크되면 기억에 정착되기 쉽습니다.

예를 들어, '너를 사랑해'라고 1초 만에 말하는 것과 3초에 걸쳐 천천히 말하는 것은 정보의 보존 경로 자체가 달라집니다. 감정은 장기기억과 연결되어 있습니다. 오래도록 기억에 남기기 위한 장치이지요. 음미하며 천천히 읽으면 감정에 어필하기 쉬워집니다. 그리고 감정이 링크된 기억은 잘 지워지지 않습니다.

오래 기억에 남기고 싶은 책이라면 희로애락의 감정을 충분히 드러내어 읽기 바랍니다. 읽으면서 더욱 깊이 책에 빠져들고, 읽고 나서도 오랫동안 기억에 남을 것입니다.

물론 책 내용 전부를 천천히 음미하며 읽으라는 말은 아닙니다. 책의 핵심 부분에 '맞아, 그대로네!', '이 부분이 핵심이야!'라는 식으로 공감하면서 본인의 감정에 확인해주면 됩니다.

기억력을 높이는 요령의 핵심은 기억이 잘 정착되는 패턴의 이해와 반복에 있습니다.

24

나중에 책 내용을 쉽게 떠올리려면

키워드, 키 센텐스를 기억하는 습관 들이기

기억을 다시 꺼내는 단서로서 키워드를 암기해두면 아주 유용합니다. 여기서 말하는 키워드는 책과 자료를 읽는 중에 '그렇게 된 거구나!', '이게 핵심이네!'라는 식으로 본인의 마음에 인상 깊었던 말이나 용어를 가리키는데, 경우에 따라서는 키 센텐스(핵심 문장)를 포함할 수도 있습니다.

키워드(핵심어)를 외워두면 나중에 책 내용을 줄줄이 엮어서 떠올릴 수 있습니다.

그런데 어떤 말이 키워드인지를 알려면 책의 내용을 먼저 이해해야 합니다. 내용에 대한 이해 없이 키워드를 정할 게 아니라 전반적인 사항을 파악한 다음에 정하는 것입니다. 그래야 시간을 낭비하지 않습니다. 책의 전반적인 내용과 흐름을 이해해 키워드를 빨리 찾는 방법은 다음과 같습니다.

① 목차를 본다.

② 저자가 강조하고 있는 핵심 부분에 주목한다.

　(굵은 서체, 밑줄 친 부분, 요점 정리 부분, 도표 등)

③ 책을 읽는 목적이나 나의 질문에 부합하는 항목, 표제어를 찾아 거기
　서부터 읽어본다.

　이렇게 하면 책을 읽는 목적과 질문에 맞는 답을 빨리 찾을 수 있습니다. 이 키워드, 키 센텐스를 메모하거나 형광펜으로 칠하기, 또는 색펜으로 밑줄을 그어 표시합니다.

　이 부분을 소리 내어 반복해 읽기 등의 방법으로 장기기억에 넣습니다. 그러면 훗날 '키워드, 키 센텐스 떠올리기 → 그 책의 전반적인 내용 떠올리기'가 가능해집니다.

　여러 키워드 중에 '이 책으로 말하면 ○○'라고 할 키워드 하나를 정하는 것도 추천합니다. '원 북 원 키워드'이지요. 이런 키워드 하나만 있어도 책의 내용이나 핵심을 엮어내기가 한결 수월해집니다. 키워드 하나면 되니까 큰 부담도 없습니다.

　'이 책에서 가장 중요한 단어, 혹은 문장은?'

　키워드 찾기는 스스로에게 이처럼 물어보면 됩니다.

25

색펜은 2색까지가 암기에 좋다

3색 이상이 되면 두뇌가 혼동할 수 있다

암기를 위해 색펜을 사용하는 것은 좋습니다. 다만 사용하는 색의 종류는 2색까지가 바람직합니다. 2가지 색이라면 두뇌가 직관적으로 판단할 수 있기 때문입니다.

예를 들어, 신호등 색도 그렇습니다. 파랑은 진행, 빨강은 정지라는 것을 우리는 보자마자 판단하게 됩니다. 이 같은 특성을 책의 마킹에 활용할 수 있는데, 파랑은 중요 포인트, 빨강은 주의사항 등으로 구분해서 칠하거나 밑줄을 긋는 것입니다.

그에 비해 색펜이 3색 이상이 되면 어떤 색이 어떤 의미인지를 한순간에 알기 어려울 수 있습니다. 노트에 표시할 때도 어떤 색으로 밑줄을 긋거나 네모로 묶어야 할지 혼란스러워집니다. 이렇게 되면 본말전도입니다. 일목요연하게 알기 위해 마킹을 하는데, 마킹 자체가 헷갈리는 것입니다.

저는 이제껏 7,500명이 넘는 사람들에게 독서법과 기억법, 공부법을 가르쳐왔습니다만, 색펜을 2색으로 한정한 결과 공부 효율이 높아졌다는 사람들이 압도적으로 많았습니다.

암기에는 단순하고 간결한 형식이 유리합니다. 심플한 편이 머리에 잘 들어오는 한편, 공부 수고도 덜게 됩니다.

26

마킹을 잘하는 법은 따로 있다

마킹은 전체의 10% 이하, 단어에 한정한다

"밑줄을 그으면서 책을 읽는 게 좋은가요?"

이런 질문을 자주 받습니다. 결론부터 말하자면, 기억을 위해 색펜을 사용하는 효과는 분명히 있습니다.

다만 마킹을 너무 많이 해서 여기저기 벌겋게 된다면, 어느 부분이 진짜 중요한지를 알 수 없고, 인상에 남지도 않습니다. 기억 측면에서 비효율적이지요. 마킹은 다음의 사항을 의식하기 바랍니다.

① 마킹은 단어에 한정한다.
② 마킹 부분은 전체의 10분의 1 이하로 한다.
③ 마킹 옆에 나만의 표시나 일러스트를 넣는다.

마킹은 단어에 한정하는 편이 해당 키워드가 머리에 더 잘 들어옵니다. 문학뿐만 아니라 개념, 이론 등을 설명한 책이라면 더욱 그렇습니다. 또한 책을 펼친 두 페이지에서 절반 가깝게 마킹이 되어 있으면 오히려 머리에 들어오지 않고, 외울 엄두도 나지 않습니다. 마킹은 10% 이하로 한정하는 게 좋습니다.

마킹 옆에 나만의 표시나 그림(간단한 일러스트)을 곁들이면, 이것이 기억을 떠올리게 하는 단서가 되기도 합니다.

일러스트는 그 자체로 장기기억에 들어가므로 더 잘 기억할 수 있습니다. 예컨대, 브래드 피트(Brad Pitt)라는 이름을 외울 때 식빵(bread) 이미지를 그려놓으면 더욱 생생하게 기억되는 이치입니다.

마킹한 다음에 해당 부분을 한 번 더 읽으면 두뇌에 더욱 깊은 인상을 남길 수 있습니다.

이들 국채는 통상적인 국채와는 다른 일종의 변종입니다. 통상적인 국채는 발행될 때에 받는 이자의 이율이 정해져 있고, 만기가 되면 원금이 돌아옵니다. 다만 만기 전에 매각하면 수익이 날 수도 있는 한편으로 손실이 날 수도 있습니다. 현재처럼 극단적인 저금리 시대에 발행된 금리가 낮은 국채는 그다지 가치가 높지 않기 때문에 훗날 금리가 오르면 가격이 떨어질 가능성이 높습니다.

그런데 '개인대상변동금리국채'는 장래에 인플레이션 등으로 금리가 상승하는 경우에 받게 되는 이자도 불어납니다. 즉 국채 가치도 자동적으로 오르기 때문에 가격이 떨어져 크게 손해를 보는 일은 없습니다(단지 발행 후 1년간은 해약할 수 없고, 해약 시에는 위약금으로 직전 2회분의 이자가 차감되므로 원금이 줄어들 수 있습니다).

앞으로 저금리가 이어져 표면금리가 마이너스가 되더라도 이 국채는 이율 하한이 0.05%로 정해져 있기 때문에 안심할 수 있습니다.

그런데 이에 비해 '물가연동국채'는 도대체 어떤 것일까요?

이것은 만기 때에 돌아오는 금액이 그 시점의 물가 수준에 따라 변화하는 국채를 가리킵니다. 그러므로 장래에 물가가 상승해 인플레이션 국면이 되는 경우는 그에 따라 원금도 늘어나기 때문에 인플레이션을 걱정할 필요가 없습니다.

① 마킹은 단어에 한정한다.

② 마킹 부분은 전체의 10분의 1 이하로 한다.

③ 마킹 옆에 나만의 표시나 일러스트를 넣는다.

27

도해나 일러스트로 외우면 좋은 이유

일러스트가 기억을 강화한다

책의 본문에는 흔히 그림이나 일러스트, 도해(圖解)가 있는데, 기억을 위해서는 이것들을 적극적으로 활용하는 게 좋습니다.

일본의 식품 기업 후지야(不二家)의 귀여운 아이 캐릭터인 '페코짱'이 눈에 들어오면 은연중에 우유맛, 케이크, 후지야, 과자 같은 이미지가 떠오르곤 합니다. 페코짱 일러스트에 다양한 이미지가 인상 깊이 엮여 있기 때문입니다.

일러스트는 기억을 몇 배나 강렬하게 해줍니다. 도해를 사용함으로써 생각의 흐름, 순서, 전체 내용을 손쉽게 파악해 기억에 정착시킬 수도 있습니다.

예를 보겠습니다. PDCA 사이클이라는 용어를 들어본 적이 있을 것입니다. PDCA 사이클은 Plan(계획) → Do(실행) → Check(평가) → Act(개선)의 4단계를 반복함으로써 업무를 지속적으로 개선하는 프레임워크입니다.

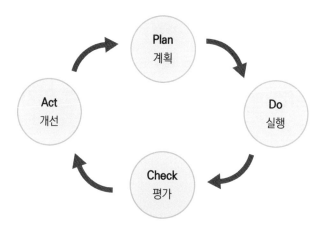

위의 도해를 보면, Plan부터 시작해 시계 방향으로 업무가 진행된다는 것을 쉽게 이해할 수 있습니다.

이 도해를 보지 않고 그릴 수 있고, 말로써 그 개념을 설명할 수 있는 상태라면 기억에 정착되었다는 증거입니다.

본문에 있는 도해나 일러스트, 그림을 머릿속에 넣어두면 더욱 강렬하게 기억할 수 있습니다. 문장 하나하나를 전부 외우는 것보다 더 잘 외워지고, 더 오래 기억됩니다.

28

단시간에 전체를 파악하는 15분 읽기법

생소한 분야의 책은 미리 훑어본다

처음 접하게 되는 분야, 처음인 저자의 책은 한 번에 15분 정도로 미리 읽어보는 게 좋습니다. 텍스트를 따라가며 전체를 빨리 훑어보는 '15분 읽기'가 그것입니다.

15분 읽기를 하면 책의 전반적인 흐름을 파악할 수 있습니다. 그림과 굵은 글자, 밑줄 부분, 책장을 넘기며 눈길이 가는 부분을 2~3행 읽고, 다시 10페이지쯤 넘겨 2~3행 읽는 식입니다. 이처럼 전체 흐름을 알고 나서 다시 읽으면 책을 읽는 속도, 이해도가 좋아져 효율적인 독서가 이루어집니다.

만약 15분 읽기에서 별로 와닿는 게 없거나, 재미있지 않다거나, 이미 알고 있는 이야기뿐이라면 과감하게 덮고 다른 책을 찾아보는 것도 하나의 방법입니다. 읽어서 쓸모 있고, 재미있고, 더 자세하게 읽고 싶은 책이라야 실질적인 도움이 되기 때문입니다. 두뇌 또한 이런 책을 읽을 때 기억을 도와줍니다.

이해되지 않는 부분은 건너뛰어도 좋다

모든 것을 한 번에 이해할 필요는 없다

공부법 강좌에서 자주 듣는 질문이 있습니다.

"잘 이해되지 않는 부분은 그냥 넘어가도 될까요? 아니면 분명하게 이해하고 넘어가는 게 좋을까요?"

결론부터 답하자면 **한 번에 모든 것을 이해할 필요는 없습니다.** 이해가 되지 않을 때는 당장 그 부분을 따로 조사하거나 반복해서 읽지 않아도 된다는 의미입니다. 책을 읽으면서 모르는 용어가 나올 때마다 읽기를 멈춘다면 한도 끝도 없습니다.

물론 모르는 것을 찾아봐야 할 때도 있는데, 그냥 넘어가야 할지 어떨지가 헷갈릴 때는 다음의 기준으로 판단하면 됩니다.

'이해가 되지 않는데 넘어가려니까 왠지 신경이 쓰인다'

이런 생각이 드는 부분에 한해 따로 찾아봅니다. 잘 이해되지는 않지만, 그렇게 신경 쓰이는 정도도 아니라면 당장은 넘어가도 좋습니다. 일단 이런 식으로 책 전체를 읽습니다.

똑같은 단어가 몇 번 계속 나와서 '정말 신경 쓰이는' 상황이라면 의미를 찾아본 다음에 계속 읽는 게 좋습니다.

찾아보는 기준은 한 챕터(20~30페이지 정도)에 1~2개 정도면 충분할 것 같습니다. 이보다 많아지면 도중에 너무 자주 멈춰야 돼서 의욕이 떨어지거나 책 읽는 재미가 줄 수도 있습니다.

요즘은 아이들도 많은 책을 읽으며 공부합니다. '이건 잘 모르겠는데…' 하는 것들이 나올 때마다 멈춰서 다 이해하고 넘어가게 한다면 어떻게 될까요? 진도를 나가지 못할 뿐만 아니라 책에 대한 흥미 자체가 사라질 것입니다.

전부를 다 이해하지 못한 채 학습을 진행해도 복습을 반복하는 가운데 기억으로 정착되므로 마음 놓고 진도를 나가시기 바랍니다. 모르는 것들이 적당히 있는, 완벽을 추구하지 않는 책 읽기가 결과적으로 기억력이 나날이 향상되는 효과를 가져오기도 합니다.

30

토론과 설득에 강해지는 독서법

주관적인 의견을 가지고 책을 읽는다

새로운 아이디어 만들기, 또는 회사 업무를 결정하는 회의나 브레인스토밍에서 논리적인 의사표현, 적극적인 토론 능력을 길러주는 독서법이 있습니다.

많은 책을 읽어서 많이 아는 것과 그것을 겉으로 드러내는 것은 전혀 다른 문제입니다. 업무 회의나 토론 자리에서 역량을 제대로 발휘하려면 책 내용을 이해하는 정도로는 부족합니다. 자료만 읽으면 누구에게나 가능한 수준이 아니라, 당신만의 의견을 능동적으로 개진할 필요가 있기 때문입니다.

그러한 역량을 책 읽기를 통해 기를 수 있습니다. 그 책의 저자를 상대로 말이지요. 저자가 책에서 주장하는 내용에 대해 내 의견으로 맞서며 읽는 방법입니다.

저자가 주장하는 내용이라고 무조건 받아들이기보다는 내 의견과 견주어가며 읽는 편이 장기기억에 남기기 쉬울 뿐만 아니라 토론과 설득

능력 함양에도 도움이 됩니다.

이런 목적에서 다음의 3가지를 의식하며 책을 읽어봅시다.

① 읽으면서 마음에 걸리는 부분

책을 읽으며 마음에 걸리는 부분은 내가 지금까지 생각하지 않았던 발상, 새로운 의문으로 이끄는 힌트가 될 수 있습니다. 이를 의식하며 책을 읽는 습관을 들이면 토론에서 아이디어를 내거나, 상대에게 시의 적절한 질문을 하는 요령이 생깁니다.

② 저자가 무엇을 말하는지 잘 이해되지 않는 부분

수준이 아주 낮은 책이 아닌 한 저자가 무엇을 말하는지 잘 이해되지 않는다면 나의 이해도가 떨어지는 지점입니다.

토론에서 효과적인 반론은 핵심을 정확하게 이해하는 데서 나옵니다. 이해되지 않는 부분을 이해될 때까지 숙독하거나, 다른 자료를 참고해 의문이 남지 않도록 합니다.

③ 내 의견과 상충하는 부분

내 의견과 다른 부분을 발견했을 때는, 비록 저자의 주장과 다르기는 해도 내 의견이 왜 옳은지를 뒷받침할 근거를 댈 수 있어야 합니다. 필요하다면 다른 책의 자료를 찾아서라도 말이지요.

한편으로 내 생각과는 다르지만 저자의 의견에 일리가 있고 논리적 타당성을 갖추었다면 수긍할 수도 있어야 합니다. 합당한 이유와 근거

없는 주장은 자기중심주의에 지나지 않기 때문입니다.

책을 읽는다는 행위는 저자의 생각, 정보, 가치관을 무조건 받아들여야만 하는 게 아닙니다. 독서는 내가 어떤 생각을 가지고 있는지가 드러나는 방편이 되기도 합니다.

책 읽기는 결국 나를 위한 것입니다. 무엇보다 그 같은 비판적 책 읽기가 토론 능력을 기르는 데 적지 않은 밑거름이 됩니다.

31

핵심 내용을 녹음해서 외우는 법

청각과 체감각이 두뇌를 더욱 활성화한다

책에서 꼭 외워야 할 사항을 보다 빠르게 암기하는 방법 중 하나로 핵심 내용을 녹음해서 듣기가 있습니다.

스마트폰의 녹음 기능을 이용하면 되는데, 따로 정리한 키워드나 핵심 내용을 중심으로 녹음합니다. 내용이 길면 무엇이 포인트인지를 알기 어려우므로 길이는 3분 정도가 적당합니다.

암기 사항을 소리 내어 말하면 두뇌에 큰 자극이 됩니다. '읽기'를 통해 시각만으로 행하는 작업에 더해 '입으로 말하며 듣기', 즉 청각과 체감각(발성)을 활용함으로써 암기 효율을 높일 수 있습니다.

두뇌는 한 번에 여러 기능을 사용할 때 더 활성화됩니다.

녹음을 해서 들으면 지능지수(IQ)가 높아진다는 연구도 있습니다만, 기억에 도움이 되는 것만큼은 분명합니다. 녹음한 내용을 한 차례 듣기만 해도 기억을 떠올리기가 더 쉽습니다.

굳이 녹음을 하지 않고 평소에 아이의 기억력을 강화하는 방법도 있습니다. 아이가 말한 내용을 부모가 다시 한번 정리해주는 것입니다.
예를 들어보겠습니다.

> 아이 : 오늘 수업에서 선생님이 퀴즈를 하나 냈는데, 내가 맞혔어요! 무
> 슨 퀴즈인지 알아요? 세계에서 가장 넓은 나라는 러시아인데, 가
> 장 좁은 나라는 어디인지 묻는 거예요. 정답은 바티칸시국이에
> 요. 저만 맞혔어요!
>
> 엄마 : 아, 세계에서 가장 넓은 나라는 러시아고, 가장 좁은 나라는 바티
> 칸시국이구나. 엄마는 몰랐는데, 참 똑똑하네!

이처럼 아이가 말한 것을 부모가 반복해 다시 한번 아이 본인의 귀로
들게 되면 기억이 더욱 강화됩니다. 머릿속 정보가 외부에서 한 번 더
입력되기 때문이지요.

이때 아이를 칭찬해주는 말을 곁들이는 게 좋습니다. 아이 자신에 대
한 자신감, 즐거움이 높아지고 마음이 안정되는 효과가 있습니다. 공부
집중력을 높이는 데는 마음의 안정을 빼놓을 수 없지요? 칭찬이 더욱
중요한 이유입니다.

32

완벽하게 외워야 할 때는 백지에 복원한다

백지 복원으로 암기 상태를 확인한다

암기 사항을 완벽하게 외워야 할 때가 있습니다. 그만큼 많은 노력을 들이게 되는데, 이미 외운 부분마저 되풀이해서 외우는 것은 비효율적입니다. 이때는 아무것도 보지 않고 백지에 암기 사항을 전부 적어보기 바랍니다. 이른바 '백지 복원'입니다.

외운 것을 보지 않고 백지에 전부 적을 수 있다면 완벽하게 외웠다고 할 수 있습니다. 틀리는 곳 하나 없이 똑같이 외워야 할 때 암기 상태를 확인해주는 유용한 수단이지요.

백지 복원이 좋은 이유는 외우지 못한 부분이 명확하게 드러난다는 점입니다. '똑같이 적지 못한 부분 = 아직 기억에 정착되지 않은 부분'이기 때문입니다.

베껴 쓰듯이 다 외워야 할 때는 백지 복원으로 테스트해 외우지 못한 부분을 집중적으로 외웁니다. 백지 복원을 반복하는 와중에 기억이 더욱 강하게 정착되는 효과도 있습니다.

33

가르친다고 의식하면 더 잘 외워진다

두뇌가 암기를 더 잘 받아들이게 하는 요령

책이나 교재 내용을 다른 사람에게 가르쳐준다는 생각으로 읽으면 머리에 들어오는 양이 훨씬 많아집니다.

누군가를 가르친다고 의식하고 읽으면 두뇌가 거부감 없이 잘 받아들입니다. 남을 가르친다는 것을 의식하면 우선 나부터가 그 책을 잘 이해해야 하고, 설명이 가능한 수준까지 되어야 한다는 태도를 은연중에 갖게 됩니다. 그 결과, 한 번을 읽어도 2~3번 읽는 것과 비슷한 정도의 내용이 머리에 남습니다.

두뇌를 단련하기 위해서는 그저 편한 방법만이 아니라, 때로는 두뇌에 중압감을 줄 필요도 있습니다.

가르치는 것을 전제로 읽을 때는 다음의 3가지가 포인트입니다.

① 책 내용을 알려주고 싶은 상대를 정한다.
② '○○에게 어떻게 표현하면 잘 전달될까?'를 의식하며 읽는다.

③ 상대의 예상 질문을 상상하며 읽는다.

제삼자에게 가르치는 것을 전제로 할 때 주의할 게 하나 있습니다. 내가 임의로 해석해 내용을 바꿔서 전달하려고 한다면 나부터가 바르게 기억하지 못할 우려가 있습니다.

가르치는 것을 전제로 하더라도 책을 읽는 1차 목적은 내가 더 잘 이해하기 위해서입니다. 내용을 충실하게 이해하고 전달하려는 데 집중해야 합니다.

상대가 이해하도록 가르치는 것을 의식하고 책을 읽으면 어떤 식으로 말해야 좋을지도 함께 생각하게 됩니다.

또한 '눈으로 읽기 + 언급하면 좋을 키워드를 중얼거리면서 읽기'에 의해 시각, 청각, 체감각의 3가지 감각을 모두 사용하게 되므로 기억에 더욱 잘 정착됩니다.

'이 내용을 확실하게 이해하고 외우자' 하는 상황에서는 그것을 누군가에게 가르쳐주겠다고 가정해보시기 바랍니다.

34

외운 것을 더욱 확실하게 기억하는 법

암기한 내용을 다른 사람에게 3분간 설명한다

외운 내용을 친구나 동료에게 3분간 설명하고 상대의 반응을 보면서 암기 상태를 점검하는 방법이 있습니다. 이 작업을 반복하면, 기억과 이해가 더욱 깊어집니다.

내가 생각하기에 전부 외운 것 같아도 분명하게 이해하고 있지 않으면 3분 동안 설명하기란 쉽지 않습니다. 이때 '아직 이 부분이 약하구나' 하는 곳을 잊지 않도록 메모하려면 이야기 재생은 3분 이내가 적절합니다.

암기한 내용을 다른 사람에게 설명해보면 상대가 바로 이해하는 부분과 그렇지 않은 부분이 있다는 사실을 알 수 있습니다. 어떤 주제에 대해 설명하면서 상대방의 반응을 통해 나의 이해와 암기 상태를 살피는 기회가 되는 것입니다.

예컨대 상대에게 말하는 본인은 이런 느낌을 갖습니다.

'어? 별로 재미없어하는 눈치네.'

'이 부분은 아주 명쾌하게 설명한 것 같아.'

'질문에 대한 내 대답이 왠지 어긋난 것 같은데….'

이처럼 상대방의 피드백을 바탕으로 내 기억의 완성도를 확인할 수 있습니다.

이 방법은 앞의 '백지 복원' 테스트와 마찬가지로 어느 부분의 암기와 이해가 부족한지를 바로 알 수 있습니다. 기억의 완성도가 떨어지는 부분을 다시 중점적으로 복습함으로써 효율적인 공부가 가능해지는 것입니다.

다른 사람에게 암기 상태를 확인하는 방식은 혼자서 외울 때에는 얻지 못할 장점이 또 있습니다. 내 설명을 들은 상대가 이런저런 도움말을 해준다는 점입니다. 설명에 대한 감상, 그에 관련한 새로운 정보, 더 보완하면 좋을 내용 등의 개선점이 드러납니다.

상대의 피드백이 암기 사항을 다시 한번 기억에 정착시키는 효과도 있습니다. 다른 사람에게 3분간 설명하기는 짧은 시간에 핵심 사항의 암기 상태를 확인하고, 더욱 깊숙이 기억하게 해주는 유용한 수단 중 하나입니다.

기억 칼럼

공부에 도움이 되는 3가지 영양소

두뇌는 사람의 장기 중 하나입니다. 배 속 장기의 상태가 아주 나쁜데도 술을 벌컥벌컥 마시는 사람이 있을까요? 그랬다가는 의사 선생님에게 무슨 소리를 들을 게 뻔합니다. 몸이 좋지 않으니 식사에 유의하고 술도 삼가야겠다고 생각하는 게 일반적입니다.

그와 마찬가지로, 우리의 두뇌를 건강한 상태로 기능하게끔 도와주는 방법이 있습니다.

두뇌에는 '**혈액뇌관문**'이라는 곳이 있습니다. 혈액과 뇌 조직 사이에 존재하는 통로인데, 이곳을 통과하는 영양소가 있고 통과하지 못하는 영양소가 있습니다. 혈액뇌관문에 바이러스가 침투하면 매우 위험한 상황에 처하기 때문에 분자량이 극히 작은 물질만이 통과하는 것입니다. **이곳을 통과하는 영양소는 주로 물, 산소, 포도당입니다.** 이것들은 두뇌의 영양소가 되므로 적극적으로 섭취하는 게 좋습니다.

먼저 **미네랄 성분을 포함한 양질의 물을 권합니다.** 물은 마시고 나서 1분만에 뇌 조직까지 도달하는 것으로 알려져 있습니다. 두뇌뿐만 아니라 생명 유지에 중요한 장기에 곧바로 물이 도달하는 것입니다. 따라서 물을 많이 마셔서 생기 있는 몸 상태로 공부하는 것이 더욱 유리합니다.

다음으로는 산소입니다. 사람은 무언가에 집중하면 호흡이 얕아지는 특성이 있습니다. 이때는 산소를 충분히 공급해주어야 하지요. 그런 이유로 크레이티브 릴랙스를 할 때는 심호흡을 꼭 하기 바랍니다.

공부 중에도 느긋하고 깊은 호흡을 하는 편이 좋습니다. 산소는 두뇌에 매우 중요한 물질인 데다가 호흡은 마음을 차분하게 하는 효과도 있습니다. 산소는 언제 어디서든 무료이니까 마음껏 들이마시기 바랍니다. 공부나 업무 외에 취미를 즐길 때도 두뇌에 산소를 많이 보내는 게 여러모로 낫습니다. 평소에 **심호흡을 자주 하는 습관**을 들이면 더욱 좋을 것입니다.

마지막으로 포도당입니다. **탄수화물이 분해되면 포도당**이 됩니다. 탄수화물은 쌀, 밀가루 등에 많이 함유되어 있습니다. 쌀이 주식이기는 해도 요즘은 다이어트 등의 이유로 적게 먹는 추세이지요. 하지만 두뇌 영양 측면에서는 밥을 꼭 챙겨 먹는 게 좋습니다. 흔히 '사탕이 두뇌에 좋다'라고 말하는 경우가 있는데, 사탕과 포도당은 당질의 분류 자체가 다릅니다.

머리를 많이 써서 공부하면 아무래도 단맛을 찾게 되는 일이 있습니다. 이는 당분을 필요로 한다는 몸의 사인입니다. 그럴 때 가장 좋은 선택은 바로 밥입니다. 주먹밥 따위를 먹으면 되는데, 밥은 케이크나 과자에 비해 칼로리가 절반에서 3분의 1에 그칩니다. 밥 말고 진짜 단맛을 원하더라도 찹쌀떡이나 흰떡 같은 전통 음식을 추천합니다. 과자에 비해 칼로리가 훨씬 낮고 지방은 더더욱 적습니다.

기억과 공부를 위해 최상의 두뇌 컨디션을 바란다면 물, 산소, 포도당을 늘 의식하시기 바랍니다.

PART
03

같은 시간을 공부하고도 시험에 더 강해지는 비결

35

공부하기 전에 먼저 해야 할 일

공부 입구와 출구 확인하기

공부, 특히 시험공부를 시작하기에 앞서 해야 할 것이 있습니다. 아직 아무것도 하지 않은 상태(제로베이스)에서 공부 입구(현황 파악)와 출구(원하는 결과)를 설정하는 일입니다.

공부하기로 마음먹었다면 현재 상황에서 나의 학습 수준이 어느 정도인지부터 명확히 알아야 합니다. 전혀 모르는 분야를 제로에서 외워야 하는지, 아니면 이전에 공부한 것이 있어서 30%쯤은 이해하고 있는지 등을 파악하는 것입니다.

자격시험을 준비하면서 나의 현재 상황을 알려면 기출문제를 풀어보거나 모의시험을 치는 것이 가장 좋습니다. 어디에 강하고 어디에 약한지가 객관적으로 명확하게 드러나기 때문입니다.

출구(원하는 결과)는, 만약 자격시험이라면 '합격'입니다. 성공적인 프레젠테이션, 완성도 높은 리포트 작성 등의 목적을 생각할 수도 있습니다. 그 출구가 무엇인지에 따라 공부 범위와 단계, 시간 스케줄이 달라집니다.

출구 설정과 관련해 저는 수강생들에게 '자격시험의 목표는 예상 합격선보다 1.3배 위를 기준으로 해야 한다'라고 조언합니다. 커트라인에서 30% 정도 여유가 있어야 한다는 의미입니다. 그래야 시험 당일에 컨디션이 나쁘다든가 의도치 않은 실수가 있어도 무난히 합격할 수 있기 때문입니다. '이 정도까지 준비했으니 충분할 거야!'라는 안도감 또한 무시할 수 없습니다.

본격적인 공부 전 제로베이스에서 현재 상황을 분명하게 알기와 공부 목표를 명확하게 하기, 이 2가지를 의식하시기 바랍니다.

이는 효율적인 공부 범위 설정과 일정 관리를 위해 꼭 필요합니다. 언제까지, 어느 범위를 공부해야 하는지 미리 알아야 시간과 기억력 낭비가 없을 테니까요.

36

시간을 낭비하지 않는 공부 로드맵

일정이 흐트러지면 공부 자신감도 떨어진다

공부 입구와 출구가 명확해졌다면, 전체 프로세스를 가늠합니다. 공부 로드맵을 그려보면 이후에 내가 어떤 식으로 공부해야 좋을지, 어떤 과정을 거쳐야 하는지를 알 수 있습니다.

자격시험을 준비한다고 치면 시험일까지 어떤 과목과 교재를 공부해야 하고, 언제까지, 어느 범위를 끝내야 하는지 등이 드러나는 것입니다. 그것을 일정표나 달력에 적습니다.

단기간 내에 성과를 내려면 시간 낭비를 최대한 막아야 합니다. 가장 나쁜 습관은 손에 잡히는 대로, 혹은 본인이 좋아하는 과목 중심으로 공부하는 것입니다.

이를 방지하기 위해 미리 날짜와 시간을 잘게 쪼갠 계획을 세울 필요가 있습니다. 목적지까지의 지도를 만드는 것이지요.

예를 들어, 시험이나 업무 시한까지 일주일밖에 남지 않았다면 1일 단위로 학습 내용과 범위를 구체화해야 합니다.

공부 입구(현황 파악)와 출구(원하는 결과)가 명확해졌으면 다음 사항을 체크해

일정표를 만든다

☐ 어떤 공부를, 어떤 교재로 해야 하는가?

☐ 앞으로 끝내야 할 공부 범위는?

☐ 내가 강한 부분과 약한 부분은?

☐ 각각의 공부 목표에 필요한 시간은?

일정이 흐트러져 시간이 부족하면 학습량을 채우지 못하는 문제만 생기는 것이 아닙니다. 마음이 초조해져 진도는 진도대로 못 나가고, 공부 자신감마저 뚝 떨어지게 됩니다.

그래서 공부 계획을 세울 때는 만약의 경우를 대비해 짜는 것이 좋습니다. 몸살이 난다든지 급한 용무가 생기든지 해서 공부 일정이 어긋날 수도 있기 때문입니다. 여유 없이 일정을 빡빡하게 잡으면 도중에 꼭 탈이 생기곤 합니다.

대학수험이나 난이도가 높은 자격시험처럼 장기간의 공부가 필요하다면, 공부 계획법을 알려주는 책이나 합격한 사람들의 수기를 참고할 필요도 있습니다.

정말 시간이 촉박하고 최선을 다해야 하는 경우라면 공부 기간 중에 '하지 말아야 할 것', 혹은 '꼭 지켜야 할 것' 리스트를 정해두는 식으로 마음을 다잡아야 합니다.

하지 말아야 할 것 리스트는, 평소에 쓸데없이 시간을 가장 많이 잡아먹는 일 중에서 정하면 됩니다.

□ TV는 식사 시간에 뉴스만 본다.

□ 야근하지 않도록 업무는 일과 중에 반드시 끝낸다.

□ 인터넷 서핑을 하지 않는다.

□ 불필요한 스마트폰 앱(게임, SNS 등)을 전부 지운다.

□ 술자리에 참석하지 않는다.

□ 출퇴근 시간을 최대한 활용한다.

공부 계획을 세우는 일과 '하지 말아야 할 것 리스트'는 나와의 약속이자 다짐입니다. 꼭 공부가 아니더라도 뭔가를 준비할 때 다짐이나 각오가 있고 없고는 그 결과가 똑같을 리 없습니다.

하루 1시간만 아껴도 일주일이면 하루치의 공부 시간을 더 확보할 수 있습니다. 다른 사람들의 공부 시간에 비해 10~20%를 더 노력하는 것과도 같습니다.

37

똑같이 공부해도 합격률이 높아지는 법

두뇌의 즐거움이 되는 장점을 떠올린다

'책상 앞에서 공부하는 게 재미있어요!'

'합격을 상상하는 것만으로도 신이 나요.'

이런 사람에게는 시험을 준비하는 과정이 즐거울 것입니다. 반면, 그 재미를 모르면 공부 자체가 고역입니다.

앞에서 언급했듯이 두뇌는(사람은) 즐거움이 없으면 적극적으로 기능하지 않습니다. 합격했을 때의 장점, 즉 '이러이러한 기쁨이 있다'는 것이 명확해져야 공부에 더욱 진지해집니다.

손쉽게는 그 시험에 합격한 사람이 이후 어떤 활약을 펼치고 있는지, 주위에서 얼마나 부러워하는지를 알아보는 것만으로도 동기부여가 됩니다. 현재 자격시험을 준비하고 있다면 시험에 합격했을 때의 장점, 다시 말해 어떤 좋은 점이 있는지를 떠올려보시기 바랍니다.

예를 들면, 이렇습니다.

'진급 시험에 붙으면 과장 발령이 나고 연봉도 꽤 오를 거야!'

'회계사 시험에 합격하면 인생의 큰 전환점이 되겠지.'

합격의 장점이란 별것이 아닙니다. 꼭 '붙어야 할 나만의 이유'입니다. 쉽게 말해, 나도 모르게 얼굴이 환해지는 장점이면 됩니다.

이러한 장점은 누구에게 말할 일도, 평가를 받을 일도 없습니다. 남을 의식할 필요가 전혀 없는 것이지요. 만약 내가 장점을 떠올리고 있는데도 무덤덤하다든가 표정 또한 시무룩하다면, 아직 공부를 망설이고 있는지도 모릅니다.

사법고시나 공인회계사처럼 어려운 시험에 합격한 사람들 중에는 그와 같은 '장점 이미지'를 활용하는 경우가 많습니다. 그들은 합격 후에 달라진 인생을 떠올리며 '이번에 반드시 합격한다'라는 식으로 다짐을 거듭합니다.

반면에 시험에 떨어지는 사람들은 그저 공부 시간을 채우는 데 급급해하는 경우가 적지 않습니다. '열심히 공부하면 어떻게든 되겠지'라는 마음가짐으로 말이지요.

합격했을 때의 장점 이미지를 가지고 공부하는 사람과 그렇지 않은 사람, 이 중에 누가 시험에 붙을 가능성이 더 높을까요? 적어도 우리의 두뇌는 분명 다르게 반응합니다.

38

아는 것과 외우는 것의 차이

안다 = 납득, 외운다 = 재현 가능한 상태

'안다'와 '외운다'는 차이가 있습니다. 안다는 것은 써져 있는 것을 '그래, 맞아'라며 납득하고 있다는 의미입니다. 그에 비해 외운다는 것은 또다시 떠올릴 가능성이 높을 때 사용하는 말입니다. 반복 가능한 상태로까지 준비가 되었다는 것이지요.

시험에 붙고자 한다면 '아는' 정도로는 충분하지 않습니다. 단순히 마크시트에 체크하는 선택형 문제라면 풀 수도 있겠지만, 단답형이나 논술형의 시험에서는 대응이 어렵습니다.

논술시험에서는 알고 있어도 제대로 쓰지 못하면 점수를 받을 수 없습니다. 예컨대 정답을 한자로 써야 하는데, 그 한자를 보고 읽을 수는 있어도 막상 시험에서 정확하게 쓰지 못하는 식입니다. 점수를 얻으려면 보지 않고도 쓸 수 있게끔 머릿속에 분명하게 입력되어 있어야 합니다. 그래야 '외우고 있는' 것입니다.

아는 정도로만 그쳐서 시험에 떨어지는 경우는 의외로 많습니다.

수강생 중에 자격시험을 '별로 어렵지 않겠지?'라는 태도로 준비했다가 시험 당일에 예상 밖으로 비틀어낸 문제가 많아 당황하게 되고, 결국 떨어진 사람이 있었습니다.

'보지 않고 정확하게 쓸 수 있는 수준 = 외우고 있다'가 되는 셈인데, 그는 여기에 미치지 못했습니다. 그저 내용을 '아는' 정도로 시험 준비를 마쳤기 때문에 응용문제에서 막혔던 것입니다.

공부한 내용을 아무것도 보지 않고 설명할 수 있어야 하고, 쓸 수 있는 정도까지 되어야 합니다. 그래야 비로소 '다 외웠다'고 할 수 있습니다. 설명으로 술술 풀어내지 못하거나, 설명 도중에 자꾸 막히거나, 암기해서 쓰는 손이 중간중간 멈춘다면 그 부분을 명확하게 외우지 못했다는 뜻입니다.

암기 내용에 따라서는 전부 이해하지 못한 것일 수도 있습니다. 책을 펴서 확인해보면 '그래, 맞아' 하며 다 이해되는 것 같지만, 완벽한 이해는 책을 덮고서도 설명이 가능한 상태입니다. 시험을 보려면 여기까지 기억이 정착되어 있어야 합니다.

따라서 본인에게 설명할 수 있도록 의식해서 공부할 필요가 있습니다. 스스로에게 설명할 수 있는지를 확인하는 방법은 어렵지 않습니다. 복습을 하며 공부한 내용을 외워보거나 써보는 것입니다. 이렇게 하면 제대로 외웠는지를 바로 알 수 있습니다.

예를 들어, 수학에 sin(사인), cos(코사인), tan(탄젠트)가 들어가는 공식이 있지요? 이 공식을 연습장에 적으면서 하나하나 설명할 수 있는지를 확인해보면 됩니다.

이렇게 했을 때 정답을 재현하지 못했다면 대충 알고 있기 때문입니다. 외운 상태가 아니라는 말이지요. 만약 절반 정도 재현했다면 나머지 절반을 다시 외웁니다.

어려운 시험일수록 중요 부분을 잘 외우고 있어야 합니다. 암기가 부족해 스스로에게 술술 설명하지 못한다면 그것은 곧, 내가 제대로 모르고 있다는 의미입니다.

39

시각 우위 공부법과 청각 우위 공부법

시각파는 이미지, 청각파는 소리를 이용한다

기억을 할 때 시각이 우위인 경우와 청각이 우위인 경우가 있습니다. 실제로 눈으로 보는 정보, 즉 비주얼과 이미지로 더 잘 기억하는 사람이 있는 한편 귀로 듣는 정보, 즉 청각으로 더 잘 기억하는 사람이 있는 것입니다.

어느 쪽이 우위인지에 따라 효과적인 공부법도 달라집니다.

시각이 우위인 사람은 다음과 같은 공부법이 좋습니다.

□ 책 내용의 몇몇 부분을 이미지화한다.

□ 핵심 정보 옆에 간단한 일러스트나 그림을 넣는다.

□ 색펜으로 중요 부분을 강조한다.

　(어린이라면 좋아하는 색펜으로 즐겁게 장식한다.)

□ 책에 나오는 도해를 기억한다.

청각이 우위인 사람은 다음과 같은 공부법이 좋습니다.

□ 핵심 내용을 음독한다.

　　(어린이라면 핵심 내용을 노래하듯이 큰 소리로 읽는다.)

□ 중요한 내용을 녹음해 반복적으로 듣는다.

□ 음성, 혹은 동영상 자료를 적극적으로 활용한다.

나는 시각파일까, 청각파일까?

나는 과연 시각 우위일까요, 아니면 청각 우위일까요? 다음은 그 경향성을 알아보기 위한 테스트입니다. 어느 쪽에 체크가 더 많은지를 보고 판단하면 됩니다.

〈시각이 우위인 사람의 특징〉

□ "이거 봐봐!"가 입버릇이다.

□ 옷을 고를 때에 특히 색에 집착하는 일이 많다.

□ 지난 일을 회상할 때 장소나 배경, 얼굴 같은 영상 이미지가 곧잘 떠오른다.

□ 아름다운 풍경을 보면 마음이 편안해진다.

□ 한번 본 풍경, 지나친 적이 있는 장소를 잘 기억한다.

〈청각이 우위인 사람의 특징〉

☐ "들어봐!"가 입버릇이다.

☐ 한번 들은 노래의 가사와 멜로디를 잘 기억하는 편이다.

☐ 다른 사람의 이야기를 잘 들어준다.

☐ 영어 발음이 뛰어난 편이다.

☐ 지난 일을 회상할 때 소리나 말, 목소리 톤이 선명하게 떠오르는 경
   우가 많다.

☐ 다른 사람이 말한 내용을 잘 기억한다.

40

숫자 정보를 쉽게 외우는 방법

언어유희, 리듬으로 외우면 오래 기억된다

뭔가를 외워야 하는데 숫자처럼 대상 자체에 별 의미가 없다면 그저 '읽기만 하는' 상태와 다를 바 없습니다.

사람이 의미 없이 나열된 정보를 순간적으로 외울 수 있는 것은 7 ± 2개라는 연구가 있습니다. 즉 5개에서 9개 단위 정보만을 그 순간에 기억할 수 있습니다. 즉석에서 전화번호 하나는 외워도 2개를 동시에 외우기는 아주 힘든 이유입니다.

그런데 실상은 5자리 숫자만 돼도 암기에 어려움을 느끼는 사람들이 많습니다. 이럴 때는 숫자와 유사한 발음의 단어를 빗대어 외우거나(언어유희), 리듬감을 넣거나, 상황 이미지로 변환하면 보다 손쉽게 기억할 수 있습니다.

연상기억법에서도 비슷한 사례가 있었지요. 정답을 맞혀볼까요? '이순신 장군의 3대 대첩은?', '정유재란이 발생한 연도는?'(38쪽)

예를 들어, 79084라는 숫자의 언어유희를 생각해보겠습니다.

· 79084 → 친구! 오! 판사?

언어유희는 말이 통하지 않더라도 본인이 이해할 수 있으면 그만입니다. 무의미한 숫자를 유의미한 단어로 바꾸는 게 요령이지요. 이때, 단어는 일종의 기억 단서(갈고리)가 됩니다.

6자리 이상의 숫자는 중간을 끊어서 외우는 게 좋습니다. 다소 억지스럽더라도 이미지로 장면을 떠올릴 수 있는 언어유희라면 기억에 정착되기가 훨씬 쉽습니다.

예컨대, 7자리 전화번호 숫자는 이런 식입니다.

· 988-5289

(구파발에서 오이를 팔구 있네)

의미 없는 숫자보다 의미 있는 단어, 텍스트보다 이미지가 더욱 잘 기억됩니다. 숫자에서 이미지를 떠올려보시기 바랍니다.

· 3358-0142

(삼삼한 오빠와 영원한 사이)

홍보용 전화번호가 외우기 쉬운 것도 같은 맥락입니다. 예를 들어, 8275(빨리치료), 8585(팔어팔어), 4915(사구싶어), 1304(열쇠공사) 등이 그렇습니다. 꽃배달 광고에서 전화번호에 리듬감을 넣는 것 역시 기억 효과를 높이기 위한 방법의 하나입니다.

연도나 수치 암기에도 똑같은 식으로 응용할 수 있습니다. 예를 들어, 네팔에 있는 에베레스트 산의 높이는 **팔팔네팔**(8,848m), 한라산의 높이는 '한번 구경 오십시오(1,950m)', $\sqrt{2}=1.414213$(일사 일사가 둘일세)로 외우면 오히려 평생 잊기가 쉽지 않습니다.

언어유희는 다른 뭔가로 연상되지 않는 숫자에 의미와 이미지를 결합하거나, 영상과 소리를 덧붙일 수 있습니다.

오감을 복합적으로 사용한다는 것은 두뇌에서 기억을 끄집어낼 때 그만큼 기억 단서를 많이 가진다는 의미입니다. 숫자 그대로 외우기보다 두뇌에 훨씬 강력하게 정착됩니다.

행여 '숫자를 의미 있는 정보로 바꾸는 게 더 힘들어요'라는 생각이 들지도 모르겠습니다. 사실 익숙해지지 않으면 순간적으로 떠올리기 어려운 측면이 있습니다. 그래서 연상기억법이나 언어유희 등에서는 상상력과 표현력이 중요합니다. 이치에 맞지 않는 비유 같은 것은 문제가 되지 않습니다. 말이 안 되는 상황의 이미지일수록 더 잘 기억됩니다.

영어 단어를 빨리 외우는 방법

수험 영단어를 잘 외우는 3가지 포인트

시험에 나오는 영어 단어를 외울 때는 요령이 있습니다. 그것을 이해하고 실천하면 2,000단어 정도는 어렵지 않게 외울 수 있는데, 그 3가지 포인트를 알려드리겠습니다.

첫 번째 포인트는, 영어 단어뿐만 아니라 전문 용어나 다른 어휘를 외울 때도 '쓰기, 읽기, 듣기'를 동시에 합니다. 이 방법으로 반복해서 외우면 상대적으로 짧은 시간 안에 머릿속에 들어옵니다.

예컨대 water라는 단어를 외울 때 water라고 쓰면서 '워터, 물'을 소리 내어 말합니다. 이것을 몇 번 반복합니다.

두 번째 포인트는, 합성어처럼 긴 단어는 의미(어원)별로 중간을 끊어서 외우는 방법입니다.

- subcontracting(하도급거래, 하청계약)

  → sub/ contract/ ing로 나눈다.

    (sub는 ~아래/ contract는 계약)

- kindness(친절)

  → kind/ ness로 나눈다.

    (kind는 친절한/ ness는 명사를 만드는 접미사)

이처럼 합성어, 또는 긴 단어를 의미 단위로 외우면 기억이 오래 가고 암기도 한결 단순해집니다.

세 번째 포인트는, 틀리기 쉬운 단어를 외울 때 틀리기 쉬운 부분을 따로 의식하며 외웁니다.

- support(지지하다)

  → support '지지하다'는 p가 2개!

이 3가지 포인트를 바탕으로 영어 단어를 외우면 더욱 효율적으로 많은 단어를 암기할 수 있습니다.

42

입문서를 읽는 2가지 방법, 통독과 숙독

입문서는 무엇보다 쉬워야 한다

처음 접하는 분야의 책이나 전문서를 아무런 사전 지식 없이 공부하는 것은 구두에 양복을 입고 등산하는 것과 같습니다. 이래서야 내용을 제대로 소화해내기 어렵습니다. 이것은 당연합니다.

높은 산에 오르기로 한 이상 그에 걸맞은 장비와 준비가 필요합니다. 공부에서 준비는 해당 교재의 전문 용어를 어느 정도 이해하는 것입니다.

일단 전문서를 10페이지쯤 읽어봅니다. 그러면 내용을 어느 정도 이해할 수 있는지 감이 잡힙니다. 만약 책에서 말하는 내용을 하나도 모르겠다면 그 분야의 입문서부터 먼저 읽는 게 올바른 준비입니다. 내용의 절반 정도를 이해한다면 전문서를 끝까지 한 차례 읽습니다. 몇 번씩 나오는 전문 용어는 따로 찾아서 이해하면 됩니다.

입문서를 고를 때는 가장 손쉽게 읽을 수 있는 책이 좋습니다. 입문서는 해당 분야를 처음 접하는 사람들을 위한 안내서입니다. 너무 어렵거나 읽기에 버겁다면 '안내'가 제대로 될 리 없습니다. 입문서는 무엇보다 쉬워야 하고, 끝까지 읽을 수 있어야 합니다.

입문서를 읽을 때는 2가지 방법이 있습니다. 책의 처음부터 끝까지 텍스트를 한 차례 쭉 훑어보는 통독(通讀)과, 내용을 이해하면서 유심히 읽어나가는 숙독(熟讀)입니다.

입문서 또한 시간 효율을 가늠해야 할 텐데, 지식으로서 알아두려는 목적이거나 상대방 이야기에 맞장구를 쳐줄 정도의 수준을 바란다면 통독이라도 좋습니다.

한편 반년에서 일 년 일정으로 공부해야 하는 분야라면 숙독을 염두에 두어야 합니다. 토론에서 활용할 수 있을 정도, 혹은 상대방 요구를 정확히 이해하고 피드백하는 수준까지 오르려면 숙독과 함께 핵심을 반복해서 읽는 노력이 필요합니다.

43

기억에 가장 효율적인 복습 시간

복습은 전체 공부 시간의 10%가 적당하다

복습의 목적은 어디까지나 기억을 정착시키는 것입니다.

복습에 시간과 노력을 많이 들인다고 해서 늘 좋은 것만은 아닙니다. 이미 이해하고 암기한 내용에 다시금 시간을 많이 들이면 그만큼 진도를 나갈 수 없기 때문입니다.

특히 대학수험이나 자격시험은 시험 범위 전체를 아우르는 학습이 중요합니다. 한 파트를 오래 붙잡고 있기보다는, 전체 범위를 빨리 끝내고 반복하는 편이 기억 측면에서 더 효율적입니다.

'이 부분이 왜 이렇게 안 외워지지?'

이런 생각에 줄곧 동일한 내용의 복습만을 되풀이하면 두뇌가 정체되어버립니다. 그 자체로 두뇌 효율이 떨어지는 것이지요. 진도를 빨리 나가지 못한다는 게 스트레스가 되어 공부 의욕이 주춤할 우려도 있습니다.

당장 100% 다 외우지 못해도 일단 진도를 나가면서 복습하는 방식으로 공부 계획을 짜야 합니다.

1시간을 공부한다고 하면 복습 시간은 5분 정도가 좋습니다.

복습에서는 중요한 포인트, 즉 강조 표시가 된 부분이나 공식, 도해 등을 빠르게 훑어봅니다. 이것을 몇 차례 반복하면 기억 정착률은 자연히 높아집니다.

수험에서 지나치게 완벽을 추구하는 공부는 바람직하지 않습니다. 기본 교재를 중심으로 전체를 한 차례 다 보면서 동시에 앞부분을 매일 잠깐 동안 훑어보는 식으로 복습합니다. 예를 들어, 2장 진도를 나갈 때에 1장을 빠르게 훑습니다. 진도와 복습을 병행하되, 복습은 공부 시간의 10% 정도로 압축하는 방식입니다.

이렇게 교재 마지막까지 학습한 다음에 또다시 전체 범위를 빠르게 복습하면서 재차 암기 수준을 높여갑니다.

전문 서적은 3단계로 나누어 읽는다

전문 서적이나 생소한 분야의 책, 난이도 높은 수험서는 모르는 용어 투성이인 경우가 많습니다. 그처럼 어려운 내용의 책을 만났을 때, 저는 3단계로 나누어 읽습니다.

1단계는 잘 모르는 용어나 내용이 많기는 해도 일단 통독합니다. 처음 접하는 분야인 만큼 당장에 전부를 이해하려고 하지 않습니다. 용어와 문장의 의미를 거의 알아야 제대로 이해가 가능하지만, 처음부터 이 수준에 못 미치는 것은 당연합니다.

통독에서는 '처음 들어보는 설명이네', '영어 전문용어가 왜 이렇게 많아!', '항목마다 별도 정보 박스가 있네' 같은 느낌이 들어도 괜찮습니다. 일단 전체를 훑어보고 '책 내용과 구성이 이렇구나' 하는 정도만 파악하면 됩니다.

2단계는 본문에서 가장 흥미로운 챕터를 읽습니다. 전문서라면 어렵고 난해한 내용이 적지 않을 것입니다. 이해도 되지 않는 책을 처음부터 끝까지 순서대로 읽기란 여간 어렵지 않습니다. 따라서 가장 흥미 있는 한 챕터를 먼저 읽습니다.

이렇게 함으로써 새로운 분야의 감을 익힐 수 있습니다. 잘 모르는 내용에 대한 관심과 적응력이 생기는 것이지요. 여기서 웬만큼 눈에 익숙해지면 3단계가 비교적 수월합니다.

다만 본문이 스토리 전개 방식이거나 1장부터 읽지 않으면 이해가 안 되는 책인 경우는 처음부터 읽습니다. 또한 모르는 용어가 나오면 바로 찾아봅니다.

3단계는 내용을 온전히 이해하며 읽습니다.

1단계는 전문 분야에 처음 발을 들이기,

2단계는 책에서 말하고자 하는 내용 일부를 파악하기,

그리고 3단계는 해당 분야의 완전한 이해를 목표로 하는 책 읽기 방식입니다.

새로운 분야의 책을 읽을 때는 내가 어느 단계를 목적으로 하는지부터 분명히 아는 게 좋습니다. 재미 삼아 읽는 책이 아닌, 시간을 낭비하지 않는 책 읽기를 위해서입니다.

45

교재와 친숙하면 성적도 오른다

나만의 색깔로 꾸미고 자주 훑어본다

참고서나 교재를 내게 친숙하게 만들었더니 기억 정착률이 높아졌다는 이야기를 간혹 듣습니다. 책과 친숙하다는 것은 여러 번 반복해서 보는 가운데 나의 색깔로 물들었다는 의미입니다.

책이든 사람이든 친숙하면 할수록 안심감이 생깁니다.

'이토록 많이 반복해서 봤으니까 잘될 거야', '이 정도로 손때가 묻었으니까 시험에서도 전부 기억나겠지!'처럼 마음이 편안한 상태에서 시험을 볼 수 있는 것입니다.

불안한 마음으로 시험을 보기보다 안심하고 자신감이 있는 상태에서 시험을 보는 편이 합격률도 높습니다. 수험생들의 체험 후기를 봐도 이 같은 경향을 확인할 수 있습니다.

참고서나 교재를 친숙하게 만들 때에는 다음과 같은 방법을 활용할 수 있습니다.

□ 가급적 많이 반복해서 눈으로 훑는다.

□ 중요한 부분을 색펜으로 밑줄 친다.

□ 3번 이상 나오는 키워드에 별도의 표시를 한다.

□ 핵심 문장을 형광펜으로 칠한다.

□ 내용에 맞는 일러스트나 그림을 여백에 그려 넣는다.

□ 좋아하는 향을 뿌린다.

이렇게 하면 책장을 펼쳤을 때 '나만의 책'이라는 친숙함을 느낄 수 있습니다.

교과서나 참고서의 여백에 일러스트나 간단한 그림을 넣는 것도 그래서 효과가 있습니다. 어려운 시험에 합격한 제 수강생들 중에도 이 방법을 실천한 사람이 여럿 있었는데, 아마도 성적에 좋은 영향을 미쳤을 것으로 여겨집니다.

일러스트 넣기는 기억 정착에도 도움이 됩니다. 연상기억법에서 주로 활용하듯이 텍스트에 이미지가 결합되면 더욱 잘 외워집니다. 여기에 '나만의 책'이라는 친숙함이 더해지는 것입니다.

학창 시절 교과서에 갖가지 그림을 그려 넣거나 예쁘게 꾸몄던 책의 과목이 더욱 친숙하게 느껴졌을 것입니다. 이제 다시, 교재를 나만의 색깔로 꾸며보시기 바랍니다.

46

책상 앞에 앉지 않아도 공부할 수 있다

자투리 시간에 핵심 키워드를 암송한다

이동 중이거나 잠깐 시간이 비어 복습할 때에도 몇 가지 요령이 있습니다.

손으로 쓸 수 없고 교재만 볼 수 있는 상황이라면 이제껏 공부한 부분까지 중요 키워드를 해당 내용을 보지 않고 설명할 수 있는지 머릿속으로 확인합니다.

예를 들어, 교재에서 윈-윈(win-win)이라는 키워드가 눈에 들어왔다면 이 용어가 어떤 의미이고, 어떻게 설명 가능한지를 마음속, 혹은 소리를 내어 읊습니다. 이런 식으로 시간이 허락하는 한 많이 핵심 개념과 용어를 암송합니다.

손으로 쓰지 못하고 교재 또한 갖고 있지 않을 때는 키워드가 떠오르는 것부터 하나하나 암기 상태를 확인하면 됩니다.

'어제 공부한 범위의 핵심 키워드가 뭐였지?'

이런 식으로 공부 기억을 꺼내어 복습하는 것입니다.

교재를 2~3회 학습한 정도로 핵심 키워드가 술술 나오기란 사실 어렵습니다. 하지만 '잘 기억하시 못하는 부분이 있구나'라고 자각하게 되면 두뇌에는 그것을 알고자 하는 욕구가 생깁니다. 이것은 인간의 본능입니다. 기억 정착에도 중요한 역할을 하지요.

책상 앞이 아닌 곳에서 복습할 때는 '아, 생각이 안 나!' 같은 순간이 많을 텐데, 무엇을 기억 못 하는지 확인해 그것을 중심으로 다시 외웁니다. 그러면서 기억은 다시금 강화됩니다.

공부한 내용을 자주 떠올려보는 행위는 기억을 강화하는 효과적인 수단 중 하나입니다.

저는 제대로 외우지 못한 내용을 스마트폰으로 녹음하거나 타이핑해서 메일로 보내두고, 틈틈이 열어서 복습합니다. 수첩에 적으면 잘 안 보게 되지만 이메일로 보내면 꼭 확인하기 때문입니다.

47

수험 일주일 전부터는 복습에 집중한다

'공부 = 무조건 입력'이라는 발상은 틀렸다

수험 직전이 되면 '벼락치기 공부라도 해야 되지 않을까' 하는 마음이 앞서기 마련입니다. 조금이라도 더 보고 수험장에 들어가는 게 어쨌든 유리할 것 같기 때문입니다.

하지만 수험 직전에 새로운 내용을 주입하려고 해봤자 '이것도 기억 안 나고 저것도 기억 안 나. 어떡해!' 같은 초조함을 느낄 우려가 큽니다. 초조하면 초조할수록 암기는 더욱 안 되고, 원래 외운 내용마저 떠오르지 않는 상황으로 치달을 수도 있습니다. 한 번쯤 비슷한 경험을 한 적이 있을 것입니다.

수험 직전에 하는 벼락치기 공부는 바람직하지 않습니다. 시험 대비도 좋지만, 수험 직전에는 기억 재생을 위해서라도 몸과 마음의 컨디션이 더욱 중요합니다.

수면 시간도 제대로 지켜야 합니다. 6시간 이상 자지 않으면 머리가 멍한 사람, 혹은 8시간 수면이 적당한 사람도 있습니다. 평소 좋은 컨디션으로 생활하며 적당한 수면 시간을 확보하고, 시험 일주일 전부터 전날까지 공부 계획을 짜는 게 좋습니다.

이 기간에는 '이 부분은 약하니까 마지막 날까지 복습하자', '이 과목은 한 번만 더 핵심 내용을 체크하자!'라는 식으로 복습 위주의 공부 계획을 세워야 합니다. 수험 당일에 마음이 안정된 상태로 시험에 임하기 위한 마지막 준비입니다.

〈수험 직전에 명심해야 할 것들〉
☐ 새로운 내용을 더 외우려고 하지 않는다.(복습에 치중)
☐ 시험 일주일 전부터 전날까지 공부 계획을 세운다.
☐ 시험 당일의 컨디션을 위해 적당한 수면 시간을 확보한다.

시험 직전까지 플러스알파 공부를 하지 않고서도 시험에 합격한 사람들은 얼마든지 있습니다. 아마 시험 전날까지 벼락치기로 공부한 사람보다 훨씬 많을 것입니다.

기억 재생을 염두에 두지 않은 '공부 = 무조건 입력'이라는 생각은 버리시기 바랍니다.

48

6시간~7시간 반을 꼭 자야 하는 이유

몸의 휴식 + 두뇌의 기억 정리에 필요한 시간

수면은 몸의 피로를 풀기 위해서만 하는 것이 아닙니다. 충분한 수면은 정신적 안정 외에도 장기기억을 만드는 데 중요한 역할을 합니다.

수면에는 **논렘수면**(NREM수면, 깊은 잠)과 **렘수면**(REM수면, 얕은 잠)이 있습니다. 이 둘은 수면의 깊이 차이에 따르는데, 쓰쿠바 대학의 하야시 유 조교수(신경과학)의 연구에 따르면, 논렘수면과 렘수면은 두뇌의 기억과도 관계가 있습니다.

몸과 두뇌가 쉬고 있는 논렘수면 중에 발생하는 뇌파(델타파)에는 기억 형성과 두뇌 능력 회복 기능이 있습니다. 또한 몸은 자고 있지만 두뇌는 각성 상태에 가까운 렘수면에 의해 기억 정리가 촉진되는 것으로 여겨진다고 합니다. 따라서 충분한 잠은 두뇌 측면에서 공부만큼이나 중요합니다.

논렘수면과 렘수면은 약 90분 주기로 반복됩니다. 수면 시간을 90분(1시간 반)의 배수로 하는 게 좋은 이유는 이 때문입니다. 렘수면이 끝날

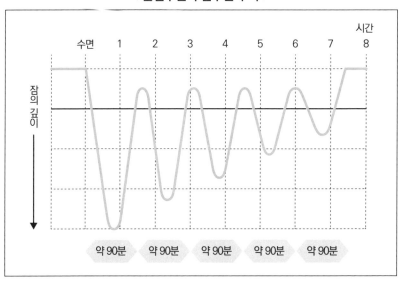

때쯤 잠을 깨기가 더 쉽기도 하고요. 개인차가 있기는 한데 6시간, 혹은 7시간 반 정도가 적당한 셈이지요.

잠이 부족해 피로가 느껴진다면 일주일쯤 매일같이 7시간 반 수면을 취해보기 바랍니다. 그런 다음에 수면이 부족하던 때와 몸 상태를 비교해 나에게 적당한 수면 시간을 확인합니다.

지친 몸과 두뇌로 잠을 덜 자며 공부해봤자 그만큼 효율이 떨어집니다. 그럴 바에야 잠을 충분히 자고, 효율적인 공부법과 기억법에 눈을 돌리는 게 훨씬 낫습니다.

49

공부가 압도적으로 잘되는 타이밍

잠들기 전에 보고, 다음 날 아침에 다시 본다

한번 외운 내용을 다시 복습하는 것은 기억 정착에 큰 효과가 있습니다. 그런데 복습할 때 가장 좋은 타이밍은 언제일까요? 바로 잠들기 전과 다음 날 아침입니다.

복습을 하고 잠자리에 들면 잠든 사이에 단기기억이 장기기억으로 바뀐다는 연구가 있습니다.

학습의 핵심 사항을 잠들기 전에 복습합니다. 10분쯤 훑어보는 것으로 충분합니다. 그리고 다음 날 아침에 일어나면 다시 한번 짧게 복습합니다. 어느 부분을 외우고 있고, 어느 부분을 잊어버렸는지도 확인합니다. 이때 잊어버린 내용을 다시 보게 되면 암기 효과를 극대화할 수 있으므로 꼭 실천해보시기 바랍니다.

수면은 두뇌에 주어지는 휴식입니다. 두뇌도 장기 중 하나이므로 쉬게 해주는 것이 굉장히 중요합니다. 밤을 새서 하는 공부는 두뇌가 지친 상태로 혹사당하는 것과 다를 바 없습니다. 밤샘을 했더라도 생각만큼 기억에 남지 않고 재생도 어렵습니다.

시험일이 가까워질수록 밤샘 공부를 하는 사람이 있는데, 웬만큼 올빼미 스타일이 아니라면 역효과가 나기 쉽습니다. 충분한 수면을 취하고 아침 일찍 일어나서 공부하는 편이 기억 효율 측면에서는 훨씬 낫습니다. 휴식을 취해 피로가 가신 상태에서는 두뇌 컨디션도 좋아지기 때문입니다.

한편 아침 공부는 3시간 이내로 하는 게 좋습니다. 3시간이 넘어가면 아무리 두뇌가 활성화되는 타이밍이라고 해도 지치게 마련입니다. 낮 일과에 지장을 초래하지 않기 위해서라도 공부 시간을 적절히 관리할 수 있어야 합니다.

아침 공부의 시작 시간은 빨라도 새벽 4시부터로 합니다. 그날 하루뿐만이 아니라, 이후에 무리 없이 아침 공부 습관을 지속하기 위해서입니다. 그 균형에 유의하시기 바랍니다.

50

싫어하는 과목을 암기해야 할 때

조금이라도 즐거운 공부 환경을 만든다

누구나 싫어하는 과목이 있게 마련입니다. 하지만 영어든 역사든 과학이든 암기할 내용은 어느 과목에나 있습니다.

처음부터 싫어하는 마음을 안고 해당 과목을 암기하면 능률이 오르지 않습니다. 첫 페이지를 펼치기만 해도 인상이 찌푸려지고 공부할 마음이 내키지 않지요.

이럴 때는 공부의 바깥에서 방법을 찾을 필요가 있습니다. 조금이라도 즐거운 공부 환경을 만드는 것이지요. 효과가 있으므로 한번쯤 실천해보시기 바랍니다.

그 방법은 이렇습니다. 내가 좋아하고, 내 마음이 즐거워지는 도구를 준비해 참고서나 교재에 활용합니다. 책을 펼쳐서 기분이 좋아지는 수단을 접목하는 것입니다.

예를 들어, 내가 좋아하는 캐릭터 스티커를 교재의 중요한 내용 옆에 붙입니다. 좋아하는 색의 형광펜과 색펜으로 강조 표시를 하거나, 마음에 드는 일러스트를 책 여백에 그려 넣는 것도 하나의 방법입니다. 관건은 그것을 보고 내 마음이 조금이라도 상쾌해지는지의 여부입니다. 일반적으로 마음이 밝아지는 데는 컬러풀한 도구를 사용하는 게 효과적입니다.

싫어하는 과목의 공부에는 웃을 수 있는 요소, 마음이 밝아지는 요소를 적극적으로 활용해보시기 바랍니다. 그 편이 두뇌에 긍정적인 인상을 남기기 때문입니다.

내 마음을 움직이지 못하는 것들은 기억에 남기 어렵습니다. 그냥 스쳐 지나가고 맙니다. 일례로, 초등학교 동창 모임을 할 때 어릴 적 반에서 인상이 미미했던 사람은 이름마저 잘 떠오르지 않지요? 반면에 좋아했던 사람이나 함께해서 즐거웠던 추억이 있는 사람은 보자마자 이름이 선명하게 떠오릅니다.

공부 기억도 그와 마찬가지입니다. 내 마음이 즐겁게 받아들일 수 있어야 시간을 적게 들이고도 기억에 더 잘 남는 공부가 됩니다. 예쁘게 꾸민 교재일수록 공부도 잘됩니다!

51

공부 집중력을 높이는 긍정 선언

기억력을 강화하는 어퍼메이션 만들기

"막상 공부하려고 책을 펼쳐도 집중이 안 돼요."

"공부하고 싶은 마음이 드는 방법은 없나요?"

이 같은 고민을 가끔 상담해주곤 합니다.

공부하고 싶은 마음은 책상에 앉자마자 그냥 생기는 게 아닙니다. 본인의 마음을 컨트롤하는 것 또한 원래 어렵습니다. 그래서 공부할 때는 의도적으로 부정적인 생각을 걷어내고 마음가짐을 새롭게 할 필요가 있습니다.

의욕이 없거나 정신이 산만하면 공부에 집중할 수 없으므로, 어떤 마음가짐으로 공부를 해야 하는지는 굉장히 중요합니다.

공부에 집중하기 위해서는 '의식적인 선언'이 효과를 발휘합니다. 이는 결코 미신이 아닙니다. 아무리 어수선한 마음으로 있다가도 막상 공부를 시작할 때는 이렇게 선언해보시기 바랍니다.

"지금부터 외우는 내용은 전부 기억된다!"

공부를 마쳤을 때에는 또 이렇게 말합니다.

"암기 내용은 머리에 다 입력되어 언제든 떠올릴 수 있다!"

이처럼 자신에 대해 단정적으로 말하는 긍정 선언을 '어퍼메이션 (affirmation)'이라고 합니다. 쉽게 말해, '목표는 말하는 대로 이루어진다'는 것으로, '긍정적 선언', '자기확언' 등으로 번역할 수 있습니다. 일종의 자기암시, 자기최면에 속하지요.

사람은 불안한 일, 걱정되는 일을 어떻게든 개선하려고 합니다. 하지만 이럴 때에 '안 돼, 생각하지 마!'라고 마음먹어도 나도 모르게 생각하게 됩니다. 우리의 잠재의식은 부정과 긍정을 구분하지 않기 때문입니다. '생각한다, 생각하지 않는다'를 모두 '생각한다'로 처리하는 것이지요. 이렇듯 소용돌이치는 의식을 공부에 적합한 상태로 바꾸어주는 말이 바로, 어퍼메이션입니다.

예를 보겠습니다. 자격증 취득을 목표로 하는 사람이 어퍼메이션을 준비하는 경우입니다. 어퍼메이션(긍정 선언)을 벽에 붙이고 공부의 시작과 마지막에 소리 내어 읽습니다.

〈공부를 시작할 때의 어퍼메이션〉

▶ 길게 말하는 경우

"이 자격증을 따면 고객에게 올바른 정보를 제공할 수 있고, 회사에서 인정받아 연봉도 오른다. 나에 대한 자신감이 커지고 와이프도 정말 기뻐할 것이다! 그래서 나는 공부에 집중한다. 공부하는 내용은 모두 머릿속에 기억된다!"

▶ 짧게 말하는 경우

"공부에 집중한다. 나는 전부 기억한다!"

"지금부터 공부하는 내용은 전부 머리에 쌓인다!"

〈공부를 마칠 때의 어퍼메이션〉

▶ 길게 말하는 경우

"공부한 내용은 모두 머릿속에 입력되었다. 시험 날과 필요한 때에 반드시 생각난다. 지금의 공부가 앞날의 성공을 약속한다!

▶ 짧게 말하는 경우

"오늘 공부한 내용을 시험 날까지 꼭 기억한다!"

"나는 공부한다. 고로 나는 성공한다!"

나의 상황에 맞는 표현으로 **그렇게 되고 싶다는 바람을, 나는 이미 그렇게 되었다는 듯한 기분으로 말합니다.** 어퍼메이션, 즉 긍정 선언을 하는 습관을 들이면 소리 내어 말할 때마다 두뇌 스위치가 켜집니다. 더 잘 기억하기 위한 준비가 되는 것이지요.

정돈을 못하는 사람은 기억력도 약하다!?

'내가 머물며 생활하는 방의 상태는 그 사람의 머릿속 상태와 똑같다'라는 이론이 있습니다. **방이 뒤죽박죽이면 머릿속도 뒤죽박죽**이라는 말이지요.

서류나 물건 따위를 '그냥 쌓아놓고 쓰면 되지'라고 생각하는 식이면 나중에 다시 사용할 때 곧바로 꺼낼 수 없습니다. 기억도 마찬가지입니다.

정리정돈을 제때 하지 않아서 몇 번 낭패를 본 적이 있는데도 불구하고 그 중요성을 인식하지 못하는 사람은 시간을 낭비하고 있는 셈입니다. 물건이든 기억이든 그렇습니다.

애당초 정리를 하는 목적은 무엇일까요?

옷으로 비유해 설명하자면 속옷과 겉옷, 바지 등을 한데 넣어두면 내가 입고 싶은 옷이 어디에 있는지를 바로 알 수 없습니다. 하지만 이 서랍장에는 속옷, 저 서랍장에는 니트 같은 식으로 원칙을 정해두면 옷을 찾을 때 헤매지 않을 것입니다.

요컨대 정리를 하는 목적은 어디에 무엇이 있는지를 파악해 필요한 때에 바로 꺼낼 수 있도록 하는 데 있습니다.

뭔가를 기억할 때도 마찬가지입니다.

공부를 위해 교재를 잔뜩 사놓고는 어디에 뭐가 쓰여 있는지조차 모르거나, 어느 참고서든 앞에서부터 조금 보다가 내팽개치고 다른 책을 찾는 사람이 있다고 합시다. 과연 공부가 머릿속에 제대로 정리되고, 기억에도 잘 남을까요?

평소 이 일, 저 일에 손을 대서 도무지 수습이 안 되는 사람은 정리정돈에 서투르고, 머릿속도 어지러울 가능성이 높습니다.

공부 기억력이 좋다는 말은, 머릿속이 정리정돈되어 있어서 언제든 기억한 내용을 꺼낼 수 있는 상태라는 의미입니다.

만약 본인이 정리정돈에 서툴고 기억도 뒤죽박죽인 것 같다면 먼저 방부터 정리해보시기 바랍니다. 책상 위를 깨끗하게 치우는 것만으로도 달라집니다. 꼭 필요한 것만 남기고 반년, 혹은 일 년 동안 한 번도 쓰지 않은 것들은 치우든지 버립니다. 참고로, 아이에게 스스로 책상 정리를 맡기면 머릿속 정리 연습도 됩니다.

그런 다음, 공부할 책 정리를 합니다. 참고서를 여러 권 사놓고 끝까지 보는 책 하나 없이 이리저리 옮겨다니며 공부하고 있다면, 먼저 참고서 정리부터 하는 것이 좋습니다.

자격증 시험에서는 **과목별로 기본서를 한 권 정하는 것이 정석**입니다. 기본서를 한 권 정하고, 보충이 필요한 내용은 기본서의 여백에 적어 넣는 식으로 학습 정보를 한데 모읍니다. 여기에 부교재나 문제집 등을 추가해 공부거리를 정리합니다.

기적의 정보 습득법, 포토리딩

52

1시간에 책 한 권 읽기, 포토리딩

사진을 찍듯이 펼친 페이지를 한눈에 본다

PART 01~03에서는 기억의 특성과 다양한 기억법, 책을 읽고 더 잘 기억하는 독서법, 시험에 강해지는 공부법 등을 설명했습니다. 이번 장에서는 최단 시간에 최대의 효과를 낼 수 있는 정보 습득법을 설명하겠습니다. 짧은 시간에 많은 내용을 장기기억에 바로 입력하는 '포토리딩'이라는 독서법입니다.

'포토리딩'은 신경언어프로그래밍(NLP, 목표 성취를 위해 인간 행동의 긍정적인 변화를 이끌어내는 실용심리학 기법), 가속학습법의 권위자인 폴 R. 쉴리에 의해 1985년에 미국에서 처음 태동했습니다. 두뇌가 지닌 고도의 이미지 정보 처리 능력을 활용해 초고속으로 텍스트 정보를 읽을 수 있는 방법입니다.

세계 35개국 이상에서 약 100만 명이 포토리딩을 배우고 있습니다. 애플, 3M, 아메리카 익스프레스, IBM 등의 대기업에서 포토리딩 프로그램을 도입하는 등 비즈니스에도 활용됩니다. 일본에서는 포토리딩

기법을 소개한 책《포토리딩》이 베스트셀러가 되면서 현재 수강생이 4만 명을 넘는다고 합니다.

포토리딩은 책 내용을 마치 사진을 찍듯이 머릿속에 카피해 잠재의식으로 보냅니다. '포토(사진) + 리딩(읽기)'으로 불리는 이유가 여기에 있습니다. 잠재의식은 장기기억과 관계가 있어서 포토리딩으로 입력된 책의 정보는 장기기억에 보존됩니다.

우리는 책을 읽을 때 글자와 단어 하나하나를 따라서 읽습니다. 한편으로 그림이나 사진을 볼 때는 자연스럽게 포토포커스(photo focus)라는 시선을 사용합니다. 눈의 초점을 어느 한 지점에 맞추지 않고 이미지 전체를 한눈에 보게 되는 것입니다. 그처럼 책을 읽을 때도 시각을 확장해 전체 페이지를 한눈으로 보는 시선이 바로 포토포커스입니다.

포토리딩에서는 이 포토포커스라는 시선을 사용해 책 내용을 장기기억으로 보냅니다. 포토포커스 상태에서 1~2초에 한 페이지씩 책장을 일정 속도로 넘기면 되니 책 한 권을 불과 몇 분만에 포토리딩할 수 있습니다. 책을 읽는다기보다는 두뇌에 이미지 정보를 바로 전송하는 듯한 느낌입니다.

포토포커스 상태일 때 우리의 잠재의식은 의식의 도움을 받지 않고 시각 정보를 받아들일 수 있습니다. 포토포커스는 글자나 단어에 초점을 맞추는 대신에 주변 시각으로 시선을 확장해 책의 전체 페이지를 부드럽게 응시하면 됩니다.

포토포커스의 손쉬운 예를 보겠습니다. 한팔을 뻗어 눈앞에 손가락 하나를 세우고 눈의 초점을 손가락 2m 뒤 한 지점에 맞춥니다. 그러면 어느 순간 손가락이 2개로 보일 때가 있습니다. 이 시선이 바로 포토포커스입니다.

그런데 포토리딩으로 받아들인 정보를 의식 수준에서 파악하고 기억하려면 책의 '키워드 파악하기' 같은 준비 단계와 '숲 읽기', '나무 읽기' 같은 활성화 단계를 거쳐야 합니다. 포토포커스로 책장을 넘길 때는 마치 명상을 하듯이 몸과 마음을 편안한 상태로 유지할 필요도 있습니다.

포토리딩에 익숙해지면 책 한 권을 1시간 만에 읽고 핵심 내용을 이해할 수 있습니다. 책뿐만 아니라 보고서나 신문, 잡지, 인터넷 사이트, 수험 교재를 읽을 때도 마찬가지입니다.

지금까지의 공부법이나 기억법은 '단기기억을 어떻게 장기기억으로 옮길 것인지'에 대한 문제였습니다. 기억을 오래 보존하려면 상당한 노력과 시간을 들여야 했지요. 하지만 포토리딩으로 책을 읽으면 정보가 장기기억에 직행하므로 기억에 더욱 유리하다고 할 수 있습니다.

53

포토리딩 쉽게 따라하기 5단계

잠재의식이 읽게 하고 의식으로 이해한다

포토리딩 독서법은 포토리딩 전후의 준비와 검토, 정보 활성화 등 다음의 5단계를 따르는 것이 기본입니다.

① 준비

② 사전 검토(예습)

③ 포토리딩

④ 사후 검토(복습)

⑤ 활성화

1. 준비

책을 효과적으로 읽으려면 목적이 분명해야 합니다. 명확한 목적의식은, 잠재의식이 원하는 정보를 쉽게 찾아내고 받아들이도록 돕습니다. 나는 이 책을 통해 무엇을 얻을 것인지, 어떤 결과를 원하는지 그

궁극 목적을 의식적으로 말합니다.

준비 단계에서는 책에 집중할 수 있는 마음 상태에 들어가는 것도 중요합니다. 편안한 자세로 눈을 감고 심호흡을 합니다. 마음은 차분하고 정신이 또렷해지는 느낌이 든다면 OK입니다.

2. 사전 검토(예습)

책의 전반적인 구성과 핵심 내용을 파악하는 단계로, 사전 검토를 통해 책과 친숙해지면 이후 책 읽기가 수월하고 기억에도 더 오래 남습니다.

사전 검토는 목차, 앞뒤 표지 카피, 본문의 처음과 마지막 페이지, 본문 소제목과 굵은 서체 단어를 중심으로 살펴봅니다. 이를 통해 핵심 단어 목록을 20~25개 정도 작성합니다(방아쇠 단어). 방아쇠 단어는 책의 정보에 접근하고, 읽고, 기억하는 내내 두뇌의 목표가 됩니다. 책 한 권의 사전 검토는 5분 정도가 적당합니다.

3. 포토리딩

명상 때처럼 몸과 마음이 편안하고 집중된 상태에서 어퍼메이션을 합니다. '포토리딩을 하는 모든 내용이 잠재의식에 새겨진다'라거나 책을 읽는 목적을 말합니다.

이제 시선을 포토포커스로 맞추고, 펼친 두 페이지가 한눈에 보이게끔 시야를 확장한 채 1~2초에 한 페이지씩 책장을 넘깁니다. 이때 각 페이지는 하나의 이미지로서 장기기억에 보존됩니다(포토포커스의 구체적인 방법은 54~55항목을 참고).

4. 사후 검토(복습)

책을 읽는 목적이 구체화되는 질문을 만들 차례입니다. 포토리딩을 통해 잠재의식 차원에서 정보를 습득했다면, 이제 책을 처음 펼쳤을 때의 독서 목적에 부합하도록 의식적으로 이해의 수준을 높여야 합니다.

이 단계에서는 사전 검토 때와 마찬가지로 책의 전반적인 내용을 빠르게 훑어보면서 '이 책에서 내게 가장 중요한 정보는?', '꼭 알아야 할 것들은?' 등의 질문을 5~10분 동안 만듭니다.

5. 활성화

사후 검토의 질문에 대한 답을 확인하는 과정이 '활성화'입니다. 답에 해당하는 부분을 찾아 읽으면 되는데, '숲 읽기'와 '나무 읽기' 방법을 권합니다. 숲 읽기는 필요한 정보를 찾기 위해 본문 전체를 조망하며 빠르게 훑어보는 방법이고, 나무 읽기는 그렇게 찾은 정보를 한두 페이지 정도 이해하면서 읽습니다.

활성화 단계에서 필요한 정보 찾기는 본인의 직감을 따르면 됩니다. 포토리딩을 통해 이미 내용 전체가 우리의 두뇌에 입력되었기 때문입니다. 그것을 의식 위로 끌어올리는 게 활성화이고, 이들 정보는 더욱 오래 기억됩니다.

54

포토포커스로 책을 보는 법

눈의 초점을 맞추지 않고 흐릿하게 본다

포토리딩에서 가장 낯설고 어려운 게 포토포커스입니다. 초등학교 때부터 그와 같은 시선으로 텍스트를 읽어본 적이 없기 때문입니다. 하지만 그림의 모든 요소에 눈의 초점을 맞추지 않아도 이미지가 한눈에 들어오듯이, 누구나 포토포커스를 익힐 수 있습니다.

여기서는 포토포커스로 책을 보는 방법을 설명하겠습니다. 요령은 눈의 초점을 책 페이지의 바깥에 둔 상태에서 부드러운 시선으로 전체를 바라보는 데 있습니다.

먼저 책을 대신해 눈의 초점을 맞출 대상물을 준비합니다. 병에 꽂은 꽃도 좋고 페트병도 좋습니다. 그것을 책상 위에 놓습니다.

① 꽃병의 꽃을 보며, 눈과 꽃병 사이에 책을 펼쳐 든다.
② 책 위쪽으로 꽃에 눈의 초점을 맞춘 상태에서 책의 네 모퉁이를 포함한 책 전체를 바라본다.

눈의 초점은 책이 아니라 꽃병에 있기 때문에 책의 글자들이 흐릿하게 보일 것입니다. 만약 그렇다면 포토포커스가 제대로 되고 있다는 증거입니다. 이 상태에서 책은 주변 시야의 일부에 들어옵니다. 눈의 초점을 계속 꽃병에 둔 채 책의 네 모퉁이에 주목하면 책의 잔상 페이지가 보일 텐데, 이 시선이 바로 포토포커스입니다.

책 바깥에 초점을 두는 것이 아니라, 책이 펼쳐지는 가운데 부분을 응시하며 포토포커스를 만드는 방법도 있습니다. 책의 양 페이지 가운데 부분을 응시하면서 동시에 네 모퉁이를 부드럽게 바라봅니다. 이때 눈의 초점은 어디에도 맞추지 않아야 합니다. 단락 사이사이의 여백에 주목하면서 책의 네 모퉁이를 X자로 연결한다는 느낌을 갖습니다.

포토포커스는 잡지나 신문, 전자책을 읽을 때도 기본적인 요령은 같습니다. 그 상태에서 두뇌는 책의 정보를 잠재의식(장기기억)으로 받아들입니다.

① 초점을 맞출 대상물을 책상 위에 놓는다. 꽃병의 꽃이라면 꽃에 눈의 초점을 맞춘다. 혹은 꽃 주위를 멍하니 바라본다.

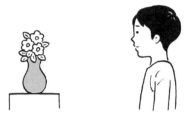

② 눈의 초점을 꽃에 맞춘 채 눈과 꽃 사이에 책을 펼쳐 들고, 주변 시야에 책의 네 모퉁이가 들어오도록 부드럽게 응시한다.

③ 책의 글자에 초점이 맞지 않았기 때문에 글자가 흐릿하게 보이거나, 이중으로 겹쳐 보인다. 이 상태의 시선이 포토포커스다.

포토포커스가 제대로 되는지 확인하기

초점이 맞지 않아 겹쳐 보이면 OK

① A4 용지 한 장을 가로로 가운데를 접는다.

② 접은 부분에 검은색 굵은 펜으로 세로선을 긋는다.

③ 종이를 책이라고 여기고 포토포커스를 한다.

④ 세로선이 2개로 보이면 포토포커스 성공!

어렵지 않게 2개의 선을 볼 수 있을 것입니다. 선이 2개로 보이지 않더라도 종이 위에 눈의 초점이 맞춰져 있지 않으면 포토포커스가 되기도 합니다.

포토포커스 시선으로 포토리딩을 할 때에는 책을 제대로 읽고 있다거나 내용을 기억한다는 느낌은 들지 않습니다. 전통적인 책 읽기와는 달리 텍스트를 이미지로서 보기 때문입니다. 하지만 두뇌의 잠재의식은 그 내용을 보고 기억합니다. 장기기억에 저장되는 이 기억들은 활성화 등을 통해 의식 위로 떠오릅니다.

① A4 용지 한 장을 가로로 가운데를 접는다.

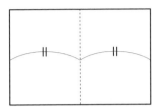

② 접은 부분에 검은색 굵은 펜으로 세로선을 긋는다.

③ 종이를 책이라고 여기고 포토포커스를 한다.

눈의 초점이
맞지 않아
세로선이
2개로 보이면
성공!

56

포토리딩, 책 읽기를 다시 생각한다

초등학교 때부터 이제껏 우리가 알고 있는 책 읽기 방식은 모든 텍스트를 천천히 이해하며 읽는 것이었습니다. 집에서든 학교에서든 마찬가지입니다. 읽는 문장의 의미를 전부 이해하고, 되도록 많이 기억하는 것을 바람직하게 여겼습니다.

하지만 모든 책을 꼭 그렇게 읽을 필요는 없습니다. 책에 담겨 있는 정보의 상당 부분은 부연 설명인 경우가 많기 때문입니다. 정보 습득과 내용 이해가 목적이라면, 내게 필요한 정보만을 얻고, 그것을 오래 기억하는 책 읽기가 더 나을 수도 있습니다. 포토리딩은 그 같은 책 읽기를 가능하게 해줍니다.

포토리딩은 정보 처리에 한계가 있는 의식 대신에 잠재의식을 활용한 책 읽기를 기초로 하고 있습니다만, 포토포커스 전후의 사전 준비와 활성화를 통해서도 기억력을 높이고 시간을 단축하는 책 읽기가 무엇인지를 잘 보여줍니다.

포토리딩은 전에는 없었던 독서법이자, 정보 처리법입니다. 새로운 방법으로 빠르게 정보를 습득하고 싶다면 꼭 실천해보시기 바랍니다. 어학시험이나 사법고시, 대학입시의 암기 과목, 자격시험, 일반적인 독서 등 포토리딩은 어떤 학습에도 활용할 수 있습니다.

다만 잠재의식을 활용하는 특성상 사람마다 포토리딩의 효과 차이는 있습니다. 포토리딩이 잘 맞는 쪽 성향을 참고하시기 바랍니다.

〈포토리딩이 잘 맞는 사람〉
· 매사에 진지하고 도전 정신이 강한 편이다.
· 새로운 방식에 대한 거부감이 적고 사고가 유연하다.
· 읽어야 할 책은 많은데, 시간을 내기 어렵다.
· '일단 한번 해보자'라는 주의가 강하다.

〈포토리딩이 잘 맞지 않는 사람〉
· 나만의 공부 방식을 고수하는 편이다.
· 완벽주의 성향이 강하다.
· 새로운 방식에 대한 의구심이 강하다.
· 책을 음미하며 읽어야 성에 찬다.

집중 모드에 빠르게 들어가는 요령

세계적인 프로 스포츠 선수들은 긴장감이 크고 스트레스가 많은 상황에서도 성과를 내기 위해 '집중 모드'에 빠르게 들어가는 방법을 하나쯤은 갖고 있습니다.

예를 들어, 스스로에게 긍정적인 암시를 주는 말을 한다든지, 쉽게 집중력을 높여주는 자기만의 음악을 듣는다든지, 특별한 포즈를 취해 집중력을 높이는 선수도 있습니다.

이처럼 사람에 따라 방법은 다르지만, 집중 모드에 빠르게 들어갈 수 있는 기본 요령은 다음과 같습니다. 마음이 어수선해도 바로 공부해야 할 때에 응용이 가능할 것입니다.

① 눈을 천천히 감는다.

② 심호흡을 3회 정도 한다.

③ 어퍼메이션을 암송한다.

④ 눈을 천천히 뜬다.

눈을 감고 뜨거나 호흡을 할 때는 되도록 천천히 해야 합니다. 동작을 천천히 함으로써 허둥대거나 산만한 마음 상태에서 벗어나 집중력 모드로 넘어갈 수 있기 때문입니다.

심호흡은 3회 정도가 적당합니다. 이때는 호흡을 하고 있다는 것, **호흡 그 자체에 의식을 집중**합니다. 신선한 공기가 코를 통해 가슴까지 들어오는 것을 느끼며 천천히 숨을 들이마십니다. 숨을 뱉을 때는 어깨에 힘을 빼고 한숨을 쉬듯이 입으로 내쉽니다.

어퍼메이션, 즉 긍정 선언은 "나는 지금 편안하고 정신이 집중된 상태에 있다"라는 식으로 차분하게 말합니다. 이 말을 본인이 들으면서 '편안함과 집중 상태에 있구나'라고 재차 확인하게 되고, 두뇌 역시 그 말에 따라 집중 모드에 들어갑니다.

집중 모드에 들어가는 4단계는 눈앞의 고민 따위로부터 마음가짐을 새롭게 해줍니다. 공부나 업무를 위해 마음이 차분하고 집중력이 높은 상태로 만들어주는 것입니다. 언제 어디서든 빠르게 집중 모드에 들어갈 수 있다면 전철 또한 공부 장소가 됩니다.

단시간에 성과를
내는 노트 기억법

57

쓰기와 말하기가 두뇌를 자극한다

손과 입을 사용하면 기억력이 좋아진다

　우리는 엄청난 정보를 매일같이 접하며 살아갑니다. 신문과 텔레비전, 책, 스마트폰, 인터넷 서핑뿐만 아니라 길에서 듣고 보게 되는 것들, 사람들과의 대화도 모두 정보의 인풋입니다.

　이처럼 두뇌는 다양한 형태의 외부 정보를 받아들이는데, 이때 오감이 정보 인풋과 기억의 통로가 됩니다.

눈 → 시각의 통로 | 책, 잡지, 인터넷, 텔레비전 등

귀 → 언어의 통로 | 정보 매체의 음성이나 사람의 말 등

코 → 후각의 통로 | 생활과 자연계의 갖가지 냄새

입 → 미각의 통로 | 식음료, 과자 같은 먹을거리의 맛

몸 → 촉각의 통로 | 펜을 잡을 때의 느낌, 입고 있는 옷의 감촉, 운동할
　　　　　　　　　　때의 감각 등

기억을 할 때 우리는 오감을 통해서 정보를 얻습니다. 따라서 오감을 생생하게 사용해 정보를 받아들이면 기억이 더욱 안정됩니다. 쉬운 예로, 음식을 만들며 뜨거운 국물에 데었던 기억(촉각), 교과서보다 만화가 머리에 더 잘 들어오는 것도 기억에 오감(시각)이 생생하게 작용한 때문이지요.

한편 정보 아웃풋은 인풋이 된 정보를 남들이 이해할 수 있도록 겉으로 드러내는 것을 말합니다. 시험 문제의 답을 쓸 때, 발표할 때, 면접을 볼 때, 말할 때 등이 아웃풋에 해당합니다.

기억 정보를 꺼내는 아웃풋에서는 오감 중 체감각 하나만 사용합니다. 입으로 말하기와 손으로 쓰기에 한정되는 것입니다.

캐나다 맥길 대학의 신경외과 의사, 와일더 펜필드 박사는 대뇌피질의 다양한 부위에 가한 전기 자극이 몸의 어느 부분에 운동을 일으키는지를 조사해 두뇌와 몸의 관련성을 밝혔습니다. 이른바 '뇌 신체 지도'를 그린 것입니다.

다음 페이지의 그림을 보시기 바랍니다. 펜필드 박사의 실험 결과를 인체 지도에 반영하면, 손과 입이 아주 큰 사람 모습이 됩니다. 두뇌로의 자극, 두뇌로부터의 자극이 많은 부위가 크게 그려지는 것입니다. 이 말은 손과 입을 사용하면 두뇌가 자극된다는 의미이고, 이는 기억력과도 관계가 있습니다.

암기에서 두뇌를 자극해 기억을 오래 남기고 싶으면 손으로 적고, 입으로 말하면서 외우는 것이 좋습니다. 펜필드 박사의 실험은 그 이유를 잘 보여주고 있습니다.

손과 입을 사용하는 기억법에는 영단어 외우기 같은 일반적인 암기 외에 마인드맵이라는 효과적인 수단도 있는데, 이는 뒤에서 다시 설명 하겠습니다.

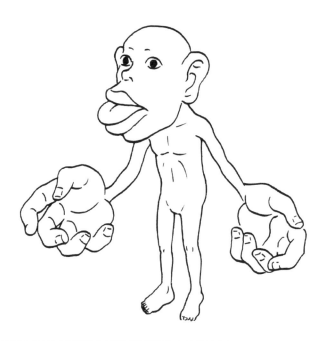

두뇌의 감각 지도를 바탕으로 그린 펜필드의 호문쿨루스(homunculus. 난쟁이라는 뜻). 신체가 두뇌에서 차지하는 비중은 몸의 실제 크기가 아니라 감각을 담당하는 정도에 따라 그 크기가 다르다.

58

기억에 오래 남는 노트 필기법

필기할 때 기억의 단서를 추가한다

각자의 노트 필기를 떠올려보시기 바랍니다. 텍스트를 내용만 나열해 필기했을 때 시간이 지나면 잘 생각나지 않습니다. 왜 그럴까요? 원래 텍스트는 기억에 남기 어렵습니다. 앞에서 두뇌는 이미지나 색다른 것을 잘 기억한다고 했지요? 보통의 필기는 이미지가 아니고, 색다른 뭔가도 없기 때문입니다.

한 번에 여러 사람을 만나고 나서 훗날 명함을 보면 어떤 인상이었는지 잘 기억나지 않습니다. 그와 마찬가지로 필기를 할 때 쭉 나열만 해서는 잘 외워지지 않고 또 금방 잊힙니다. 마치 아무런 특색 없는 노래처럼 말이지요.

다음 페이지 위의 '기억하기 어려운 필기'를 보시기 바랍니다. 한 번 봐서는 별로 기억에 남을 게 없습니다. 이처럼 필기가 **별다른 강조 없이 텍스트만으로 이루어지면 기억에 남기 어렵습니다.** 한 가지 색으로 필기해도 역시 인상이 옅습니다.

| 기억하기 어려운 필기 |

- 지금까지의 필기 방식으로는 기억하기 어렵다.
- 향후의 전개 방식을 고려해야 한다.
- A + B = C
- 직전에 급하게 외운다고 기억률이 높아지지는 않는다.
- 지금보다 2배의 속도로 암기하려면?
- 견과류를 먹으면 두뇌가 활성화될지 모른다.
- 오감을 사용하면 기억이 정착되기 쉽다.

| 기억의 단서가 있는 필기 |

- 지금까지의 필기 방식으로는 기억하기 어렵다.
- **향후의 전개 방식**을 고려해야 한다.
- A + B = C
- 직전에 급하게 외운다고 기억률이 높아지지는 않는다.
- 지금보다 2배의 속도로 암기하려면?
- 견과류를 먹으면 두뇌가 활성화될지 모른다.
- **오감**을 사용하면 **기억이 정착**되기 쉽다.

노트 필기를 두뇌에 잘 정착시키려면 기억의 단서를 만드는 것이 좋습니다. 형광펜이나 색펜 사용하기, 핵심 단어에 밑줄을 긋거나 사각형으로 묶기, 키워드를 크게 쓰기 등의 방법으로 암기할 내용을 두드러지게 표시하는 것이지요.

텍스트에 이런 장치(단서)가 추가되면 더 오래 기억되고, 나중에 기억을 떠올리기도 더 쉽습니다. 노트 필기에 기억의 단서가 연결되어 있기 때문입니다.

'아, 그 답은 파랑색 형광펜으로 칠한 단어야.'

'첫 페이지에 밑줄 그은 문장이 여기에 대한 설명이군.'

필기 외에 이런 잡다한 기억이 함께 떠오른 적이 있을 것입니다. 일부러 외우지 않았어도 두뇌는 이 같은 구분(파랑색 형광펜 단어, 첫 페이지 밑줄)마저 기억합니다.

59

암기 사항을 줄줄이 엮는 기억법

기억의 강력한 수단, 연상과 이미지

'고구마 줄기 캐듯이'라는 표현이 있지요? 덩굴을 당기면 고구마가 연이어 딸려 나오듯 특정 사안에 얽힌 일들이 하나하나 드러날 때 쓰이는 비유입니다. 실제로는 고구마는 통째로 뽑는 것이 아니라 호미로 살살 캐야 합니다.

여하튼 연표처럼 암기 항목이 많을 때 '고구마 줄기' 식으로 엮어서 더욱 손쉽고 체계적으로 외울 수 있습니다.

고구마 줄기 식으로 외우는 게 좋은 이유는 2가지입니다.

첫째는, 해당 키워드가 생각나지 않아도 전후 정보가 머리에 남아 있으면 기억해낼 수 있다는 점입니다. '아, ○○는 △△ 바로 다음이었지!' 하는 식으로 엮여 나오는 것입니다.

둘째는, 키워드를 서로 엮으면 스토리처럼 외울 수 있습니다. 예를 들어 다음 페이지는 2차세계대전 이후의 미국 대통령 계보를 별도의 단서에 엮어서 암기하는 경우입니다. 이때 별도의 단서는 내가 잘 알고

174 포토리딩 슈퍼 기억법

있는 기존 정보여야 합니다.

    33대 **해리 트루먼**(민주당. 1945~1953) 한국 전쟁(1950)

    34대 **드와이트 아이젠하워**(공화당. 1953~1961) 전쟁 영웅 대통령

    35대 **존 F. 케네디**(민주당. 1961~1963) 마릴린 먼로와의 스캔들

    36대 **린든 존슨**(공화당. 1963~1969) 베트남 전쟁(1964)

    37대 **리처드 닉슨**(공화당. 1969~1974) 워터게이트로 사임

    38대 **제럴드 포드**(공화당. 1974~1977) 투표 없이 취임

    39대 **지미 카터**(민주당. 1977~1981) 광주민주화운동(1980)

    40대 **로널드 레이건**(공화당. 1981~1989) 영화배우 출신 대통령

    41대 **조지 부시**(공화당. 1989~1993) CIA 출신 대통령

    42대 **빌 클린턴**(민주당. 1993~2001) 르윈스키와의 스캔들

    43대 **조지 W. 부시**(공화당. 2001~2009) 911 테러

    44대 **버락 오바마**(민주당. 2009~2017) 최초의 흑인 대통령

    45대 **도널드 트럼프**(공화당. 2017~2021) 사업가

    46대 **조 바이든**(민주당. 2021~2025) 최고령 대통령

위 계보에서 36대 린든 존슨이 떠오르지 않는다면 '케네디가 암살된 다음이고, 이때 베트남 전쟁이 발발했는데…. 아! 린든 존슨!' 하는 식으로 기억을 되살릴 수 있습니다. 이처럼 별도의 사건 단서와 대통령을 스토리로 이어서 외우면 기억이 '고구마 줄기 캐듯이' 떠오를 가능성이 높아집니다.

이들 대통령의 얼굴과 이름을 연결시켜도 효과가 있습니다. 얼굴이 또 하나의 단서가 되기 때문입니다. '영화배우 출신 레이건은 이 얼굴, 그다음 대통령도 훤칠한 외모였는데…. 맞다! 아버지 부시!' 하는 식으로 기억이 떠오르는 것입니다.

연상과 이미지는 기억의 강력한 수단입니다. 어려서부터 이런 방식으로 외우는 데 익숙해지면 시험을 위해 방대한 양의 정보를 암기할 때 굉장히 수월합니다. 특히 역사 같은 암기 과목에서 더욱 힘을 발휘할 것입니다.

정보가 많을 때는 키워드로 재구성한다

핵심 키워드를 기억의 중심에 놓는 법

책이나 강연회, 세미나 등의 대량 정보에서 내게 필요한 내용을 압축해서 활용할 때는 <mark>임팩트가 있는 단어를 키워드로 잡아낼 수 있어야 합니다.</mark> 이들 단어가 해당 내용의 핵심이자 기억의 갈고리(단서) 역할을 하기 때문입니다.

예를 들어 '말을 잘하게 되는 법'이라는 주제의 책을 읽는 경우입니다. 본문에는 다음과 같은 설명이 있을 것입니다.

· 호흡을 천천히 하면 말하는 리듬이 차분해진다.
· 호흡을 깊게 하면 마음의 안정감이 생기고, 산소를 충분히 들이마시게 되어 두뇌도 활성화된다.
· 말할 때 초조해하면 호흡이 얕아지는데, 이때 깊은 호흡을 의식하면 마음 상태가 호전되는 계기가 된다.

이들 각각의 설명에서 공통되는 것은 '호흡'이라는 단어입니다. 호흡이 키워드이고, 이를 중심으로 몇몇 정보가 둘러싸고 있는 구조이지요. 이렇듯 정보가 많고 복잡할 때는 핵심 키워드를 잡아내는 게 중요합니다.

정보를 기억에 정착시킬 때 문장 전부를 외워야 하거나 키워드가 많으면 암기가 막막합니다. 나중에 기억을 꺼내는 것도, 그대로 실천하는 것도 어렵습니다.

책 성격에 따라 다르겠지만, 기억을 위한 키워드는 한 권의 책에서 하나가 바람직합니다. 많아도 2개로 그치는 게 좋습니다. 흔히 포인트는 3개를 의식하는 게 적당하다고 하지만, 3개라면 두뇌에 바로 입력하기가 어렵습니다. 그 결과 별도로 메모하거나 책을 다시 펼쳐봐야 하기도 합니다.

아무것도 보지 않고 바로, 확실하게 기억하고 싶다면 키워드는 2개로 한정하는 것이 무리가 없습니다.

그런데 시험에 대비하는 경우는 내 마음대로 키워드를 정해서는 안 됩니다. 교재라는 특성상 책 한 권에 키워드가 수없이 많으므로 임의로 키워드를 추가하거나 하면 더욱 혼란스럽습니다.

문제집이나 참고서의 경우는 굵은 활자, 밑줄 부분, 강조된 단어가 키워드에 해당합니다. 이들 키워드 주위에 있는 해설과 부연 정보, 관련 사항을 살펴서 이해하고 핵심 내용을 외웁니다. 핵심 키워드를 기억의 중심에 놓는 것입니다.

나중에 시험에서 기억을 재생할 때는 키워드를 단서로 나머지 정보를 의식 위로 끄집어내면 됩니다.

61

암기의 핵심을 만드는 법

암기 요령을 별도로 만들어 외운다

필기할 때 암기의 핵심을 간략하게 만들어 외우면 비교적 손쉽게 외울 수 있습니다. 암기 핵심 외의 정보는 어느 정도 유추가 가능하기 때문입니다. 대학입시나 자격증 시험은 교재 한 권에도 외워야 할 내용이 정말 많습니다. 그럴 때에 **중요 내용마다 암기의 핵심을 따로 만들어 외우면 기억에 도움이 됩니다.**

예를 들어, 일본의 쌀 생산량 톱 10을 현별로 외운다고 합시다. 이것을 순서대로 적어서 외우자면 꽤 성가십니다. 머리에 잘 안 들어오고 기억이 오래 가지도 않습니다.

이때는 텍스트 암기 대신에 그림(지도)으로 외우는 게 낫습니다. 노트 한쪽에 지도를 간단하게 그려서 현의 순서를 적고 외우면 되는데, 여기서는 이 지도가 '암기의 핵심'입니다.

지도에 해당 지역의 순번을 적으면 이미지로 기억할 수 있어서 여러 개의 정보라도 암기가 훨씬 수월합니다. 일본 지도를 보면 알 수 있듯이 모두가 관동 이북에 위치해 있고 3~5위, 6~9위가 세로로 이어진 형태입니다. 이 순위를 비주얼로 머릿속에 담으면 기억이 더 잘되는 원리입니다.

비슷한 방식으로 세계 경제력 순위, 중국 왕조의 역사 등 주제별로 암기의 핵심을 만들 수 있습니다.

3~5위, 6~9위가 위에서 아래로 내려오는 모양이다. 이 선의 모양을 기억하면 순위를 비교적 손쉽게 떠올릴 수 있다.

62

문장을 도식화하면 기억에 유리하다

관계를 나타내는 부호 사용법

필기할 때는 부호를 사용해 도식화하는 게 일단은 유리합니다. 부호나 기호를 사용하면 문장을 단적으로 표현할 수 있고, 이미지처럼 암기가 수월해지는 측면도 있습니다.

이미지는 두뇌에 장기기억되기 때문에 비록 텍스트라도 도식화를 통하면 기억 정착률이 높아집니다. 여러 부호 중에 '= (동등)', '⇔ (대치, 반대)' 등은 간단하면서도 비주얼 효과가 큽니다.

혹성 = 행성   코어 = 핵   진화론 ⇔ 창조론

이 밖에도 필기에는 다양한 논리 부호를 사용할 수 있습니다.

'일본 ≠ 대륙'처럼 비동일성 나타내기(~와 같지 않다), '춘 → 하 → 추 → 동'처럼 화살표로 시간 순서 나타내기, '애벌레 ∽ 번데기 ∽ 나비'처럼 물결 화살표로 변화 나타나기, '한국 군사력 〉 북한 군사력'처럼

부등호로 양쪽의 크기, 수량 등을 비교할 수도 있습니다. 마찬가지로 수식기호 +, -, ×, ÷나 ∴(그러므로), ≒(근사치), ★, ※ 등도 다양하게 활용할 수 있습니다.

부호 사용의 가장 큰 장점은 인과관계를 순식간에 파악할 수 있다는 점입니다. 게다가 부호나 기호 또한 이미지인 만큼 기억 정착에도 유리합니다.

=	~와 같다.	춘
≠	~와 같지 않다.	사계 ─ 하 추
↔	반대	동
춘 → 하	시간 순서	구분
애벌레 ～ 번데기 ～ 나비		변화

63

암기는 완벽하지 않아도 좋다!

문장 전체가 아니라 단어 중심으로 외운다

사람들은 암기할 때 문장 전체를 토씨 하나 틀리지 않고 외우려는 경향이 있습니다. 시험에 완벽하게 대비하려면 완벽하게 외워야 한다는 선입견 때문이지요. 학교 교육에서 숱한 시험을 치르며 그 같은 습관이 몸에 밴 사람들이 적지 않습니다.

하지만 이런 방법은 공부나 시험 준비에 효율적이지 못합니다. 시간 대비 외울 수 있는 양에는 한도가 있기 때문입니다.

이는 시청자가 드라마 시나리오의 대사를 전부 외우려는 것과 같습니다. 배우 입장에서야 시나리오의 구석구석까지 외워야 할 필요도 간혹 있겠지만, 보는 입장에서는 대사를 다 외워야 드라마가 이해되는 것이 아닙니다.

텍스트를 머리에 넣으려면 문장을 쪼개서 단어 중심으로 외우는 게 효과적입니다. 예를 보겠습니다.

- 호흡을 천천히 하면 말하는 리듬이 차분해진다.
  ▶ 호흡 천천히, 리듬, 차분

- 호흡을 깊게 하면 마음의 안정감이 생기고, 산소를 충분히 들이마시게 되어 두뇌도 활성화된다.
  ▶ 호흡 깊게, 안정감, 두뇌 활성화

- 말할 때 초조해하면 호흡이 얕아지는데, 이때 깊은 호흡을 의식하면 마음 상태가 호전되는 계기가 된다.
  ▶ 깊은 호흡, 마음 상태, 호전

머리로 외운다는 것은 눈으로 외운다는 말과 같습니다. 입이나 손도 암기의 도구가 되지만, 시각이 기본이지요. 암기 사항이 한눈에 들어오는 단어 중심의 암기는 그래서 더 효율적입니다.

문장 전체가 아니라 중요한 단어 몇 개로 축약해 도해 형식으로 외우는 습관을 들이시기 바랍니다. 암기 시간이 줄고 기억에 더 잘 남습니다. 게다가 외울 수 있는 양도 획기적으로 늘어납니다.

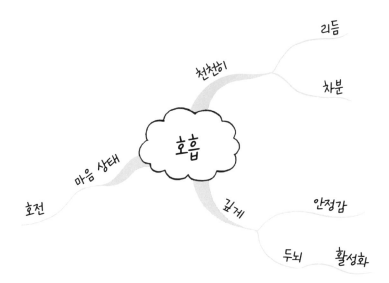

단어 중심의 암기 도해. 문장 전체를 외우려고 하지 말고, 중요한 단어 위주로 압축해서
외우는 편이 기억에는 훨씬 효율적이다.

64

암기 과목에 강해지는 마인드맵 작성법

도해로 정리하면 암기가 쉬워진다

외워야 할 내용이 많고 복잡한 경우에는 블록 형식의 도해로 정리하면 효과적입니다. 일종의 마인드맵이라고 할 수 있습니다.

마인드맵(mind map)은 '생각의 지도'라는 뜻으로, 생각을 지도 그리듯이 이미지화해 기억력, 사고력, 창의력을 높이는 필기법입니다. 영국의 토니 부잔이 고안해 전 세계적으로 파급되었지요. 마인드맵은 정보가 '줄기와 가지'로 연결된 이미지 형태여서 전체 내용 파악과 기억에 큰 도움이 됩니다.

① A3 용지 정도의 큰 지면을 사용한다.

작은 종이에 마인드맵을 그리면 지면이 좁을지도 모른다는 마음에 단어를 빠뜨리거나, 글씨를 작게 써야 한다는 생각이 보이지 않는 스트레스가 될 수 있습니다. 암기를 위해서는 넉넉한 종이에 도해를 그리는 게 좋습니다.

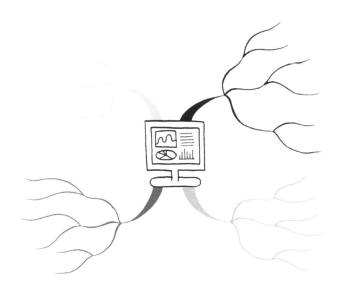

단어 중심의 도해로 정리하기. 하나의 주제를 4~6개의 블록으로 나누고, 각각의 블록 색을 달리 한다.

② 핵심 단어 중심으로 간략하게 적는다.

종이 중앙에 핵심 개념을 크게 적고, 거기서 뻗어 나오는 연결선을 따라 하위 개념이나 보충 정보를 적습니다. 키워드 중심으로 적고, 각각은 2~3단어를 넘지 않도록 합니다.

③ 몇 개의 블록으로 나눈다.

내용이 많은 경우에는 블록을 4~6개로 나누는 편이 균형감이 있고 나중에 다시 볼 때도 알아보기 쉽습니다. 책이라면 1장, 2장, 3장 등으로 블록을 나누거나 핵심 내용, 주의사항, 시험에 잘 나오는 내용 같은 방식으로 나눠도 됩니다.

④ 가는 펜을 사용하고, 블록별로 색을 달리 한다.

굵은 펜으로 도해를 그리면 많은 정보를 다 담기 어렵습니다. 도해가 복잡한 느낌도 들게 되므로 가는 펜을 사용하시기 바랍니다.

블록을 나눌 때에 곁가지 색을 달리 하면 분류가 한눈에 들어옵니다. 보기에 편할 뿐더러 색을 통한 시각 자극이 두뇌에 영향을 미쳐 기억 정착률이 높아집니다.

⑤ 교재가 여럿일 때는 관련 정보를 하나로 합친다.

예를 들어, 헌법을 공부하기 위해 여러 교재나 참고서를 사용하더라도 관련 정보는 한 장으로 정리해야 합니다. 즉, 기본권 부분이라면 교재마다 따로 도해를 정리하는 게 아니라 한 장으로 합치는 것입니다. 전체 내용 파악이 훨씬 수월해집니다.

이상의 사항에 주의해 마인드맵을 만들면 대량의 정보를 더욱 효과적으로 정리하고 기억할 수 있습니다.

65

핵심어 도해로 내용 정리하는 법

단어를 연결하는 4가지 원칙

'핵심어 도해를 만들 때 단어와 단어를 어떻게 연결시키면 좋을까요?' 이런 질문을 자주 받습니다. 마인드맵 방식의 정리가 익숙하지 않아서인데, 다음의 포인트들을 참고하시기 바랍니다.

① 선으로 잇는다.

단어가 어떻게 이어지는지 한눈에 보이도록 선으로 잇습니다.

② 선을 꾸불꾸불 잇는다.

직선을 그을 때와 꾸불꾸불한 선을 그을 때는 두뇌 사용이 달라집니다. 직선은 좌뇌 중심, 꾸불꾸불한 선은 그림 같은 인상을 주기 때문에 우뇌 중심으로 사고하게 됩니다. 물론 우뇌 중심의 사고가 장기기억에 저장되기 더 쉽습니다.

꾸불꾸불한 선(우뇌 사용)과 함께 단어를 적으면(좌뇌 사용) 양쪽 두뇌를 쓰게 되어 기억에 더욱 유리합니다.

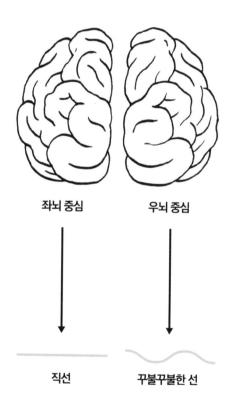

좌뇌 중심   우뇌 중심

직선   꾸불꾸불한 선

③ 굵은 선과 가는 선을 함께 사용한다.

중요한 키워드는 굵은 펜으로 단어를 적습니다.

선 굵기에 강약을 주게 되면 무엇이 핵심이고 무엇이 부연 정보인지
를 바로 알 수 있습니다. 모든 단어를 똑같은 굵기로 쓰는 것보다 기억
에도 더 선명하게 저장됩니다. 마찬가지로 단어를 잇는 선의 굵기도 달
리 하는 게 효과적입니다.

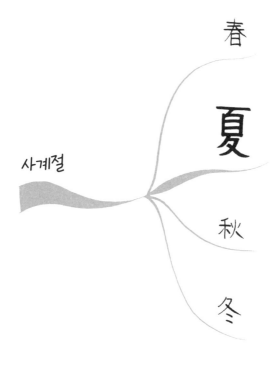

④ 단어를 직접 잇거나, 가지로 나누어 잇는다.

단어를 잇는 규칙이 있습니다. 부연 정보, 연관 설명인 단어는 직접 잇고, 몇 종류로 나뉠 때는 가지를 나누어서 잇습니다. 예를 들어, '사계절 설명'은 다음의 2가지 방법이 가능합니다.

사계절을 시간 순서대로 적을 때

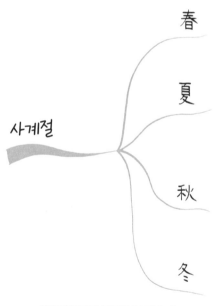

사계절의 계절 구성을 나타낼 때

예시1 다음 단락을 핵심어 도해로 요약해 기억하려면 아래와 같이 작성할 수 있습니다.

> 사람의 두뇌는 좌뇌와 우뇌로 나눌 수 있습니다. 좌뇌는 주로 언어나 숫자 같은 논리적 영역을 담당하고, 우뇌는 주로 예술이나 스포츠 같은 창조적 영역을 담당하는 것으로 알려져 있습니다.

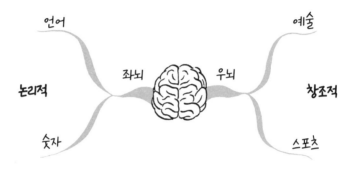

　도해에 너무 공을 들인 나머지 도해를 만드는 것 자체가 스트레스가 되어서는 안 됩니다. 마지못해 하는 공부는 두뇌가 스트레스로 받아들이기 쉽습니다. 그러면 공부 의욕이 사그라지고 기억 효율도 떨어집니다. 의미 없는 노력은 되도록 배제하고, 본인에게 편하고 손쉬운 방법을 따르시기 바랍니다.

　핵심어 도해는 복잡한 내용을 간결하게 만들어 공부와 암기 효과를 높이는 게 목적입니다.

예시 2 다음 단락을 핵심어 도해로 요약해 기억하려면 아래와 같이 작성할 수 있습니다.

> 산업 구조를 크게 분류하면 1차산업, 2차산업, 3차산업으로 나눌 수 있다. 1차산업은 자연계에서 부를 획득하는 산업으로, 식물을 재배하는 농업이나 해산물을 얻는 어업 등이 여기에 해당한다. 2차산업은 공장 노동이나 노동 관리직 같은 직종을 일컫는다. 3차산업은 서비스업이나 지적 산업 등을 가리키는데, 19~20세기에 걸쳐 발전했다.

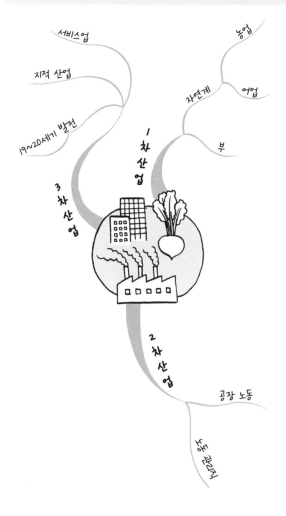

66

잘못 그린 도해를 수정하는 요령

핵심어 연결을 분명하게 드러낸다

공부 내용을 핵심어 도해로 정리할 때 틀린 부분은 그다지 신경 쓰지 않아도 됩니다. 수정이 쉽게끔 처음부터 연필을 사용해도 좋고, 교정 부호를 적어서 고치면 그만입니다. 잘못 그린 도해 수정에는 몇 가지 요령이 있습니다.

① 잘못 적은 부분에 크게 × 표시를 한다.

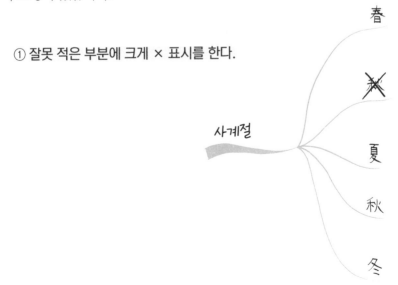

② 실수를 깨달았으면 새로운 선으로 다시 잇는다.

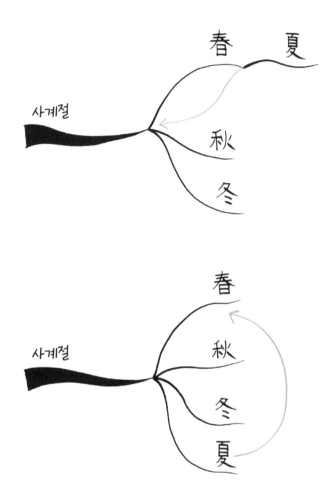

③ 몇 가지로 나눈 핵심어를 다시 하나로 합치는 경우

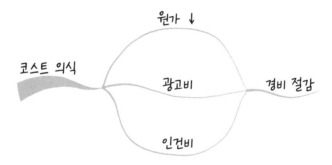

수강생들의 도해를 보면 선 연결이 분명하게 드러나지 않거나, 무엇이 핵심어인지 명확하지 않은 경우가 있습니다. 다음은 그 같은 실수 2가지이므로, 참고하시기 바랍니다.

① 줄기와 가지로 이어지는 개념의 상호 관련성이 틀렸거나 한눈에 들어오지 않는다.

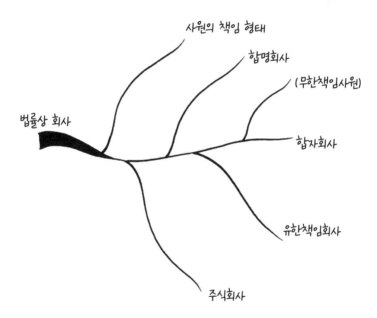

※ 상법상 회사는 사원의 책임 형태에 따라 합명회사, 합자회사, 유한책임회사, 주식회사, 유한회사의 5가지로 나뉜다.

② 무엇이 더 중요하고 핵심인지 우선순위를 알기 어렵다.

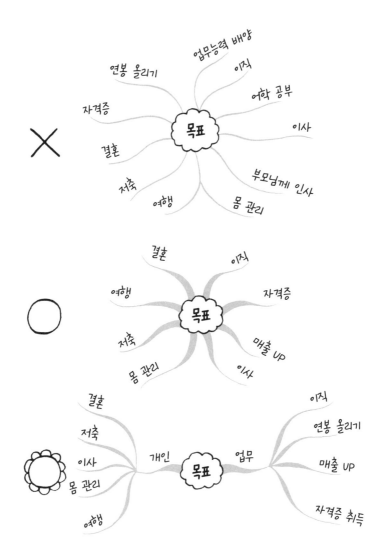

67

효과적인 핵심어 도해 복습법

도해를 보지 않고 연결 단어를 떠올린다

핵심어 도해는 매일의 복습에 이용하시기 바랍니다. 복습에서 내용을 잘 암기하려면 다음의 3단계에 유의합니다.

① 핵심어 도해를 보면서 그 단어의 의미, 전후 단어와의 관련성을 떠올려본다.

② 도해의 핵심어가 어떤 단어들과 이어지는지를 도해를 보지 않고 머릿속에 떠올린다. 그것이 맞는가, 틀리는가? 만약 틀렸다면 아직 기억이 완전하지 않다는 증거이므로 도해의 단어들을 확인하고 다시 한 번 복기한다.

암기가 틀렸다고 낙담할 필요는 없습니다. 어디를 못 외우고 있는지가 명확해졌기 때문입니다. 그 부분만 다시 외우면 됩니다. 손쉽게 암기를 보완할 수 있고, 전체 암기 시간도 단축할 수 있습니다.

③ ②단계를 실천하면서 도해를 보지 않고 전체 내용을 떠올릴 수 있을 때까지 검증을 반복한다.

복습은 ①을 할 수 있으면 ②로 넘어가고, ②를 할 수 있으면 ③으로 넘어갑니다. 하루에 1~2회 눈으로 훑어보는 식이면 됩니다.

암기 수준은 해당 시험의 난이도, 경쟁률, 혹은 커트라인을 참고로 스스로 가늠해야 합니다. 어느 정도 완벽하게 외워야 할지를 파악하는 것으로, 1차 학습을 끝낸 후 기출문제집을 풀어서 암기 상태를 확인할 수도 있습니다.

합격률이 60% 정도라면 무리해서 100% 완벽하게 외우지 않아도 좋을 것입니다. 목표치를 너무 낮춰도 안 되겠지만, 완벽에의 부담감을 더는 것 또한 분명한 플러스 요인입니다.

① 핵심어의 의미와 관련성을 떠올린다.

② 연결 단어를 보지 않고 떠올린다.

③ 연결 단어가 1~2초 안에 떠오를
때까지 전체 도해를 복습한다.

68

토론과 대화에 강해지는 메모 기술

대화의 키워드를 미리 준비한다

토론이나 미팅, 보고를 위해 사전에 대화 내용을 준비할 때는 다음 사항을 표시한 도해를 만들면 됩니다.

① 상대에게 질문하고 싶은 것

② 내가 말하고(주장하고) 싶은 것

예를 들어, ①은 빨간색, ②는 파란색으로 구분해서 표시하면 상대방과의 대화 핵심이 한눈에 들어옵니다.

이 작업을 하는 타이밍은 전날 밤까지가 좋습니다. 이후에 '그 질문은 안 해도 좋아', '주장할 내용을 바꾸는 게 낫겠다'처럼 정보가 성숙되는 최소한의 시간을 벌기 위해서입니다.

핵심어 도해는 상대를 만나기 직전에 다시 확인하면 더욱 도움이 됩니다. 메모를 보지 않고 자연스럽게 대화하려면 포인트 표시는 3개 이하가 적당합니다. 3개 이상이 되면 도중에 메모를 확인하든가, 수첩 등에 따로 적어놓아야 합니다.

대화에서는 내가 해야 할 말 이상으로 상대의 말을 놓치지 않으려는 자세도 중요합니다. 그래야 대화가 순탄합니다.

저는 오랫동안 라디오 명사 인터뷰를 진행해왔습니다만, 이때도 핵심어 도해 만들기가 큰 도움이 되었습니다. 라디오 인터뷰는 베스트셀러 저자와 25분 동안 대화하는 형식입니다. 많을 때는 일주일에 3일을 녹음하는 경우도 있는데, 사전 준비로 저자의 책을 읽고 인터뷰 내용을 정리합니다. 물론 핵심어 도해, 즉 마인드맵으로 작성합니다.

저자 인터뷰와 관련한 마인드맵은 주로 4가지 블록으로 나눕니다. ① 저자 프로필, ② 책 내용, ③ 저자에의 질문, ④ 저자가 생각하는 미래입니다. 그리고 도해는 문장이 아니라 단어로 적습니다. 문장으로 적으면 대화할 때 내용이 한눈에 들어오지 않고, 그래서 대화가 끊어질 우려가 있기 때문입니다.

저자 프로필은 이력과 관련된 키워드를 적습니다. 예를 들어 '○○공부법 저자, ○○대학, 자격증 30개, 학원 경영, 20년' 등의 키워드입니다. 각각이 한두 단어이지만, 관련 내용을 떠올리는 데는 단어 한두 개면 충분합니다.

책 내용은 특히 인상적이었던 부분 2~3가지를 아주 간략하게 적습니다. '○○레슨, 기억 챔피언, 공부의 왕도' 같은 식입니다.

질문은 2가지로 한정합니다. 많은 질문을 준비해 상대 앞에 쏟아놓으면 화제가 뒤죽박죽되고 청취자 귀에도 잘 들어올 리 없습니다. 저자 또한 편안하고 깊이 있게 대답하기 어렵습니다.

이 정도로 준비해서 인터뷰가 막히는 일은 거의 없었습니다. 인터뷰 뿐만 아니라 자료를 보지 않고 기억을 논리적으로 떠올려야 하는 대화에서 마인드맵은 강력한 힘을 발휘합니다.

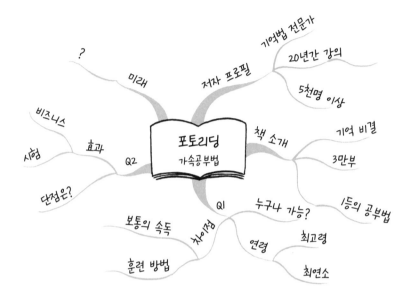

69

마인드맵으로 프레젠테이션 준비하기

말하는 순서와 강조사항을 표시한다

프레젠테이션을 할 때는 원고나 마인드맵 같은 자료를 보고 하는지, 아니면 아무것도 보지 않고 발표하는지부터 먼저 정해야 합니다. 자료 지참 여부에 따라 준비가 달라지기 때문입니다.

자료를 봐도 좋고 보지 않아도 좋은 프레젠테이션인 경우, 발표 일주일 전 시점에 70% 정도 외웠으면 보지 않고 발표하는 게 낫습니다. 발표 중에 자꾸 자료를 보면 준비 부족, 혹은 초조해하는 것으로 비치기 때문입니다. 하지만 암기가 완벽하지 않은 프레젠테이션에서 마인드맵을 봐도 된다면 당당하게 보면서 발표하시기 바랍니다. 마인드맵을 참고하게 되면 그만큼 장점이 큽니다.

먼저 마인드맵에 말하는 순서를 숫자로 적어둡니다. 발표 직전에 그 순서를 수정할 수도 있습니다. 그리고 발표에서 강조해야 할 사항이나 부연 설명이 있다면 마인드맵에 별도로 표시해 기억을 강화합니다. 프레젠테이션에서는 나도 모르게 긴장해 발표를 망치는 일이 있습니다.

긴장하면 더더욱 기억이 안 나기도 합니다. 그럴 때, 말하는 순서와 강조사항이 표시된 마인드맵이 있다면 마음 든든한 발표를 할 수 있습니다.

기억 칼럼

공부 효율을 높이는 일상의 도구

기억력과 공부 효율을 높이는 데는 머리 사용법 외에도 도움이 되는 일상 도구, 유용한 팁들이 몇 가지 있습니다. 다음의 간략하게 정리한 내용을 참고하기 바랍니다.

✅ 필기구

- **네임펜이나 붓펜** | 마인드맵이나 도해로 공부 내용을 정리할 때 선을 굵고 진하게 표시할 수 있습니다. 선이 강한 만큼 공부 중에 조금은 기분이 전환되는 효과도 있습니다.
- **가는 색연필** | 스테들러 색연필처럼 가늘게 나오는 색연필로 선을 그리거나 노트를 예쁘게 꾸밀 때 사용합니다.
- **컬러 사인펜** | 노트 필기, 다이어리 작성에 유용합니다. 요즘은 지울 수 있는 컬러 사인펜(파이로트 프릭션 시리즈)도 있으므로 사용해봐도 좋을 듯합니다.

✅ 소이캔들(Soy Candle)

향초는 마음을 안정시키는 효과가 있습니다. 마음의 안정은 곧, 정신의 집중입니다. 공부를 시작하기 전에 마음에 드는 향초를 사용해보시기 바랍니다. 집중 모드에 들어가는 데 도움이 됩니다. 소이캔들은 콩에서 추출한 소이 왁스로 만들기 때문에 이왕이면 소이캔들이 낫습니다.

✅ 아로마테라피

두뇌는 오감 중 후각에 가장 민감합니다. 그래서 기분 전환에는 아로마 향기도 효과적입니다. 집중할 때는 이 향기, 잠들 때는 저 향기, 휴식 중에는 또 이 향기, 하는 식으로 규칙을 정해두면 두뇌도 그에 따라 반응합니다. '지금은 집중할 때다, 휴식을 취할 때다'라고 말이지요.

향을 추천하자면 집중이 필요한 때는 로즈마리나 프랑킨센스(유향나무), 심신 안정과 기분 전환에는 라벤더가 좋습니다.

✅ 차 음료

차도 아로마테라피만큼 효과가 있습니다. 깊이 집중하고 싶을 때는 대만우롱차를 추천합니다. 향이 아주 훌륭합니다. 또 공부 의욕을 위해서는 커피나 녹차(카페인이 듬뿍 들었습니다)가 좋습니다. 기분 전환에는 탄산수도 좋은데, 대개 탄산음료에는 기분을 바꿔주는 효과가 있습니다.

그런데 음료에서 기본은 역시 물입니다. 물은 몸의 부담이 거의 없고 혈류를 촉진해 두뇌 활성화와도 관계가 있습니다.

✅ 음악

마음이 우울하거나 짜증나는 일이 있을 때는 음악이 으뜸일 것입니다. 음악은 장르가 다양해서 내 취향에 맞게 고를 수 있지요. 휴식을 할 때는 클래식,

힘이 빠지고 공부 진도가 영 안 나갈 때는 경쾌한 음악 등을 생각해볼 수 있습니다.

✅ 장소

마음에 드는 장소가 공부든 휴식이든 더 효과가 있습니다. 음폭이 넓고 귀에 거슬리지 않아 공부에 도움이 된다는 백색소음이라는 것도 있지요? 카페처럼 떠들썩해도 공부가 잘된다는 사람이 있는 이유입니다. 휴식도 마찬가지입니다. 내가 휴식을 취하기 좋고 편안한 장소는 분명 따로 있습니다.

✅ 간식거리

초콜릿처럼 단 음식은 기분 전환에 좋다고 알려져 있습니다. 카카오 함량이 높은 초콜릿은 칼로리나 몸에 대한 부담이 상대적으로 적습니다. 과일은 씹는 맛이 있는 게 두뇌 활성화에 도움이 되고, 위의 부담감도 적습니다.

인생이 굉장히
유리해지는 기억 기술

70

비즈니스 정보 수집의 기본

달성 목표와 키워드를 분명히 정한다

업무 자료나 정보를 수집할 때 가장 중요한 것은 키워드와 달성 목표입니다. 무엇을 키워드로 자료를 수집하고, 어떤 목표를 달성할 것인지에 따라 수집 자료가 크게 달라지기 때문입니다.

예컨대, 시장조사 리포트를 제출해야 한다면 '어떤 시장조사인가?'라는 물음에 대한 키워드부터 찾아야 합니다. 그 키워드에 따라 시장조사 결과와 작업 시간이 결정됩니다.

'IT업계의 향후 5년간 동향'을 조사하는 경우는 'IT업계, 전망'이나 'IT업계, 4차혁명, '정보통신, IT 트렌드' 같은 검색어를 조합할 수 있는 센스가 필요합니다. 'IT, 도쿄, 올림픽' 같은 검색어 결과도 흥미로울 텐데, 기본적으로 어떤 키워드를 입력해야 양질의 정보를 얻을 수 있는지를 판단하는 것이 관건입니다.

최근에 이슈가 되는 분야와의 교차 검색도 중요합니다. 요즘 세상은 뭐든 홀로 존재하기가 어렵습니다. 예산관리 쪽 정보라면 '예산, IT, 절감' 같은 키워드로 조합해보고, 사회 트렌드가 궁금하다면 '출판 트렌드, 온라인 이슈' 같은 키워드도 가능하겠지요.

정보를 검토할 때는 대상 자료가 리포트 형식인지, 웹자료 형식인지에 따라 읽는 법이 달라집니다. 쉽게 말해, 이는 자료의 목차 유무에 따른 차이입니다.

목차가 있으면 거기서 관심 항목을 찾습니다. 목차가 없으면 자료의 중심에서 가로 폭 5cm 정도를 눈으로 좇으면서 내가 원하는 키워드를 찾습니다. 예를 들어 최초에 검색했던 'IT업계, 4차혁명, 트렌드' 같은 키워드가 시야에 들어오는지를 보는 것입니다. 이렇게 하면 많은 분량을 빠르게 검토할 수 있습니다.

자료 수집과 검토에서 가장 중요한 것은 키워드입니다. 안테나를 세워서 읽지 않으면 검색 효율이 떨어질 수밖에 없습니다. 나의 두 눈과 함께 두뇌도 자료를 보고 있다는 사실을 염두에 두시기 바랍니다. 키워드 안테나는 두뇌에게 내리는 나의 명령과도 같습니다. 안테나를 세워 자료를 수집하면 나중에 리포트를 작성할 때 더 많이 기억되고 자료 완성도에도 영향을 미칩니다.

Report index

1. | | | | | | | | | | | | | | | | | | | | | | | | | | | |
										IT업계														

2. | | | | | | | | | | | | | | 트렌드 | | | | | | | | | | | |
									4차혁명													

3. | | | | | | | | | | | | | | | | | | | | | | | | | | | |
												정보통신										

4. | | | | | | | | | | | | | | | | | | | | | | | | | | | |
										전망													

5cm 정도의 폭

71

의식하면 두뇌는 스스로 움직인다

질문을 의식 = 두뇌가 정답을 찾는다

업무 능력에서 가장 기본이 되고 중요한 것은 '유용한 정보를 얼마나 숙지하고 있는가?' 하는 점입니다.

회의에서 어떤 질문을 받았을 때 대답이 가능한 정도의 정보를 갖고 있지 않다면, 다음 회의에는 부르지 않을지도 모릅니다. 상사가 "어떻게 생각해요?"라고 물었을 때 아무것도 대답하지 못한다는 것은 그에 대한 정보가 아예 없거나, 혹은 그 키워드에 대해 별로 신경 쓰지 않았다는 의미입니다.

신경을 쓰고 있어야 정보가 모입니다. 두뇌는 신경이 쓰이는 일에 대해 대답을 찾으려는 습성이 있습니다. 신경 쓰는 일, 다시 말해 의식하고 있는 일은 '질문'의 형태로 구체화할 수 있습니다.

질문이 하나뿐이라면 대답은 간단하게 나옵니다. 'IT산업이란 무엇인가?'라는 질문에는 어떤 식이든 하나의 대답이 가능합니다. 이처럼 신경 쓰는 일, 즉 의식적인 질문이 많다는 것은 대답의 숫자와 정보 양도 많아진다는 뜻입니다.

신경 쓰는 일(질문)을 많이 만들어두면 별생각 없이 자료를 검토할 때보다 기억에 남는 정보 양이 크게 달라집니다. 질문이 많으면 일상적인 상황에서도 답을 얻을 수 있습니다. 사람들과 대화하거나, 텔레비전이나 잡지를 볼 때 문득 답이 떠오르는 것입니다. 물론 이는 질문을 염두에 두고 있었기에 가능합니다.

예를 들어, '전직'에 신경을 쓰고 있다면 전직과 관련된 단어들, 즉 연봉, 근무지역, 업계 전망 같은 정보가 귀에 더 잘 들어옵니다. 마찬가지로, '비용 절감'을 줄곧 의식하고 있으면 밥을 먹다가도 비용을 줄일 수 있는 방법이 떠오르는 이치입니다.

공부든 업무든 의식적인 질문을 많이 가지고 있으면 우리의 두뇌도 거기에 호응합니다. 그래서 아이들이 어렸을 때는 질문을 많이 갖도록 하는 게 중요합니다. 방대한 정보가 머릿속으로 밀려들어 오고, 동시에 그 정보를 토대로 사고력이 높아지기 때문입니다.

72

방금 들은 말을 잘 기억하는 법

핵심 단어를 5회 반복해 말한다

방금 듣거나 문득 떠오른 말을 꼭 기억했으면 할 때가 있지요? 어디에 적어두면 되지만, 메모가 여의치 않은 경우도 많습니다. 이럴 때는 듣거나 생각한 내용 중 가장 중요한 단어를 최소 5회 이상 반복해 말하는 것이 효과적입니다.

IT산업 동향과 관련해 동료와 이야기하던 중에 "그거라면 환경청에서 2016년에 낸 보고서에 자세히 나와 있어요"라는 말을 들었다면 '환경청, 2016'이라는 단어를 외우는 식입니다. 이 두 단어를 마음속으로 5회 반복해 말합니다. 나중에 유추가 가능하다면 '환경, 16'으로 더 짧게 외워도 됩니다.

데이트 때 꼭 가고 싶은 레스토랑 이름을 외울 때도 마찬가지입니다. "분위기가 정말 좋은 레스토랑이 분수광장 바로 앞에 있어요. 상호는 리스토란테 에오예요"라는 말을 들었으면 마음속으로 '분수광장, 리스토란테'를 5회 반복합니다. 이때 '리스토란테'라는 단어를 빼도 좋습니다. 외울 수 있다는 생각으로 차분하게 키워드를 반복해 말하는 게 중요합니다. 기억에 자리 잡게 하는 요령입니다.

본 것, 들은 것, 읽은 문장 등을 외울 때 가장 기본은 임팩트 있는 단어로 쪼개서 반복하는 것입니다. 기억술에서 이는 분할법에 속하는데, 단어에 이미지를 결합하면 더욱 효과적입니다.

글자 수가 많을수록 암기가 어렵고 시간도 더 걸립니다. 긴 문장을 그대로 다 외우려고 하지 말고 문장을 쪼개서 키워드만 외우시기 바랍니다. 단서만 있으면 기억은 언제든 되살아납니다.

이미지 + 반복(눈으로 보고, 입으로 읽고, 귀로 듣는 반복)이면 더욱 잘 기억된다.

73

물음표를 붙이면 더 잘 기억된다

대화 속 질문이 기억력을 높인다

　토론이나 대화를 하다 보면 상대의 말 중에 '이것에 대해 물어봐야지' 하는 키워드가 있게 마련입니다.

　이처럼 관심이 가는 키워드에 '무슨 뜻?'이라는 식으로 물어보고 바로 이어서 상대방 설명을 듣게 되면 질문과 대답 양쪽을 더 잘 기억할 수 있습니다. 물음표가 많은 대화일수록 그 기억이 더 많이, 오래 남는 것입니다.

　아이 때는 "이게 뭐야?"라며 뭐든 마구 물어보는 시기가 찾아오는 법인데, 실은 그 같은 물음이 기억력과 호기심을 길러주는 아주 중요한 역할을 합니다. 그러므로 아이의 질문을 귀찮아하지 말고 그때그때 대답해주는 것이 좋습니다.

　물음표 없이 대화를 이어가면 생소한 정보일지라도 '아, 그렇구나' 하고 그냥 넘어갈 가능성이 큽니다. 당연히 듣고 나면 그뿐일 뿐, 기억에 잘 남지 않습니다.

하지만 물음표가 있는 대화라면 다릅니다. 예를 보겠습니다.

A : 이번에 시부야에 카페를 하나 내기로 했어. 돈이 좀 들기는 했는데, 지금은 거의 크라우드펀딩으로 모았어.

B : 크라우드펀딩이요? 전에 들어는 봤는데, 어떤 거예요?

A : 크라우드펀딩은 불특정 다수에게 자금을 모으는 거야. 대중을 뜻하는 크라우드(crowd)에 펀딩이 붙은 건데, 온라인에서 흥미 있는 사업 아이템에 돈을 내거나 후원하는 방식이야.

B : 아무나 참여할 수 있나요?

A : 응. 아무나 참여할 수 있고, 일반 투자자는 한 회사 당 200만원 한도가 있기는 해.

이 대화의 질문과 대답의 요지는 '크라우드펀딩은 불특정 다수에게 자금을 모은다', '누구나 온라인으로 참여할 수 있고 투자 한도가 있다' 등이지요. 물음표를 붙여 대화하면 이러한 질문과 대답이 기억에 더 잘 남습니다.

74

기억력을 강화하는 간단 트레이닝

눈앞에 있는 모든 것을 1분간 떠올린다

간단하게 기억력을 강화하는 트레이닝 방법이 있습니다. **눈을 감고 바로 앞에 있는 사물들을 기억해내는 연습입니다.**

당신이 지금 방 안에 있다면 눈을 감고 방 안 사물들을 떠올려보기 바랍니다. 1분간 눈을 감고, 방 안에 있는 모든 사물의 형태와 색, 거기에 적혀 있는 말 등을 차례차례 떠올립니다.

어느 정도 떠오르나요? 눈을 떠서 확인해보면 '아, 여기에 이게 있었구나!' 하는 것들이 적지 않을 것입니다. 하지만 '이걸 깜박했네!'라고 알아차리는 순간에 기억력이 강화됩니다.

이것을 게임 감각으로, **한 번 할 때마다 2회씩 기억해내는 연습**을 거듭하면 기억력 향상에 많은 도움이 됩니다.

이처럼 눈앞에 있는 것들을 하나하나 보고, 기억하고, 떠올리는 연습을 통해 기억력을 강화할 수 있습니다. 연습 장소는 어디라도 좋습니다. 방 안이나 바깥 풍경, 전철 안도 좋습니다. 눈을 감고 1분간 주위의 기억을 떠올리는 연습을 2주간 지속해보시기 바랍니다.

기억을 떠올리는 연습을 하면 할수록 두뇌는 무언가를 기억하는 데 익숙해집니다.

이 연습은 다양하게 변용할 수 있습니다. 책꽂이의 책 한 단을 다 기억해볼 수도 있고, 일요일마다 버리는 재활용 쓰레기에 어떤 게 있었는지, 주말 쇼핑 때 산 물건들을 기억해볼 수도 있습니다. 기억력은 의도적으로 기억하면 할수록 더욱 좋아집니다.

75

사람 이름과 얼굴을 잘 기억하는 법

평소 알던 사람이나 기존 정보와 결합한다

예전에 만났던 사람들의 얼굴과 이름을 기억하지 못해 난감했던 적이 몇 번쯤 있을 것입니다. 명함 교환을 한 사람의 이름을 풀 네임으로 기억하는 데는 3가지 방법이 있는데, 가장 기본이 되는 것은 이미지 연상법입니다.

일례로, 이순길이라는 사람을 소개받았다면 그 순간에 '이순○'에 해당하는 인물을 떠올립니다. 역사적, 사회적, 문화적 인물, 혹은 내가 잘 알고 있는 지인도 좋습니다.

'내가 잘 알고 있는 이순○에는 누가 있지?'에 착안해 순간적으로 '이순신'이 생각났다면 이순신 장군으로 연상되는 모습, 예컨대 관모를 쓰고 있는 이순신 장군의 모습을 떠올립니다. 그런 다음, 눈앞의 이순길 씨에게 마음속으로 그 관모를 씌웁니다.

이름의 마지막 글자 '길'은 '쭉 뻗어 있는 길'의 이미지를 떠올리면 됩니다. 즉, 관모를 쓴 이순신 장군이 길 위에 서 있는 이미지입니다.

이름을 기억하는 이 기억법의 핵심은 내가 이미 알고 있는 사람이나 정보에 새로운 사람의 이름을 연결하는 것입니다.

두 번째는, 눈앞에 있는 사람의 얼굴 옆에 풀 네임이 적혀 있는 이미지를 상상해 기억하는 방법입니다. 얼굴 옆 허공에 이름을 써서 기억하는 것이지요.

그리고 세 번째는, 그 사람의 얼굴 옆에 기존에 내가 알고 있는 다른 '이순○', 혹은 '이○길'의 얼굴을 놓고 이것을 이미지로 기억하는 방법입니다.

만약 이미지만으로 기억하기 어렵거나, 마땅히 매치되는 다른 이름이 없다면 연상기억법에서 흔히 쓰이는 언어유희(유사 발음) 기억법을 활용해도 좋습니다. 유사한 발음의 단어, 문장을 떠올려 몇 번 반복해 말함으로써 손쉽게 기억할 수 있습니다.

예를 들어 '이순진'이라면 '이순진은 참 순진해', '김영철'은 '김영철은 김장철 동생' 같은 식이면 됩니다.

사람 이름과 얼굴을 잘 못 외우겠다는 사람들이 더러 있습니다만, 이들 기억의 핵심은 연상과 이미지 결합입니다.

76

대화의 핵심을 메모하는 요령

현황, 이유, 목적, 할 일에 주목한다

대화나 토론 중에 동료, 혹은 상사의 발언을 메모해야 할 때가 있지요? 이때 상대방 이야기를 전부 받아 적는 것은 굉장히 어렵기도 하고, 그럴 필요도 없습니다. 중요한 핵심만 잘 메모하면 됩니다.

대화 메모는 다음의 3가지 포인트에 주의하면 됩니다.

① 현황, 이유, 목적
② 상대가 2번 이상 반복한 말(중요한 말은 반복된다)
③ 언제까지, 무엇을 해야 할까?

　(예 : 이달 말까지 정산 자료를 경리부로 넘길 것)

중요하다고 여겨지는 내용은 대화 주제나 상대방 등에 따라 달라지므로 기본적으로 '지금 이 대화에서 중요한 것은 무엇인가?'를 의식하며 메모하는 습관을 가지는 게 좋습니다.

마인드맵을 활용하면 정보가 일목요연한 메모가 가능합니다. 일반 메모와 마인드맵의 2가지 예를 보겠습니다.

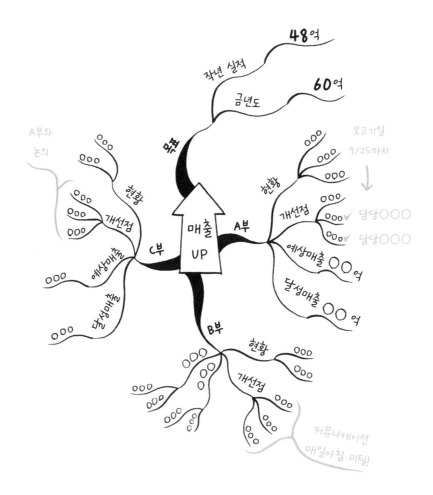

1. 보험설계사 A씨의 상담 메모(텍스트)

마쓰다	하나 씨	34세 3/25일생
남편	쿄타 씨	37세 9/12일생
장녀	아카네	4세 6/3일생
장남	겐타	1세2개월 1/18일생

맞벌이

하나 씨 - **간호사**(파트타임)

쿄타 씨 - **건축업**(현장업무 많음)

(2인 모두 육체노동/ 아파트(월세))

• 중요 질병, 사망 보장/ 학자금은 불요

• 아이가 중학생이 되면 하나 씨는 (풀타임으로 이직 희망)

※ 보험상품을 제안하는 상황에서 가족 현황, 각자의 연령과 생일, 직업, 주거 형태, 희망 보장 등의 상담 정보를 메모하고 있다.

보험설계사 A씨의 상담 메모(마인드맵)

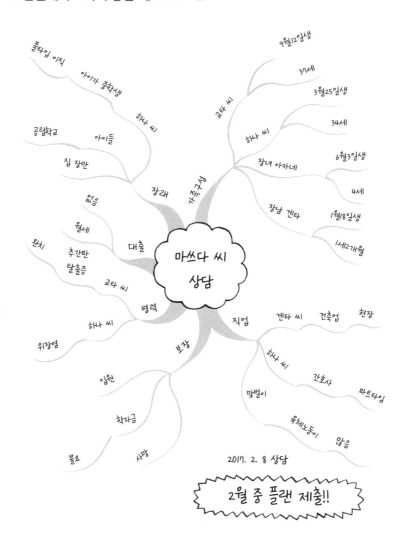

마쓰다 씨
상담

가족구성
- 교타 씨
  - 9월12일생
  - 37세
- 하나 씨
  - 3월25일생
  - 34세
- 장녀 아카네
  - 6월3일생
  - 4세
- 장남 겐타
  - 1월8일생
  - 1세12개월

하나 씨
- 풀타임 이직
- 아이가 중학생
- 공립학교
  - 아이들
- 집 장만

장래

대출
- 없음
- 월세
- 원치
- 추간판 탈출증

병력
- 교타 씨
- 하나 씨
  - 위장염

보장
- 입원
- 학자금
  - 불요
  - 사망

직업
- 겐타 씨
  - 건축업
  - 현장
- 하나 씨
  - 간호사
  - 파트타임
- 맞벌이
  - 육체노동이
  - 많음

2017. 2. 8 상담

2월 중 플랜 제출!!

2. 사원연수 의뢰 메모(텍스트)

MSBB 솔루션 주식회사

영업부 마쓰다 부장님   2016. 8. 27

2013년에 신설된 부서

2015년까지 연 10~15% 매출 성장

2016년  현황 20% ↓

직원들에게 영업 연수를 희망

13명(남성 9, 여성 4)

25~42세

예산 700만 원으로 1~2일

목표 …

현황 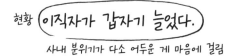 이직자가 갑자기 늘었다.

사내 분위기가 다소 어두운 게 마음에 걸림

※ 사원연수를 요청받아 현황을 파악하기 위해 회사개요, 연수 목적, 향후 목표와 예산,
참여 인원 등의 정보를 메모하고 있다.

사원연수 의뢰 메모(마인드맵)

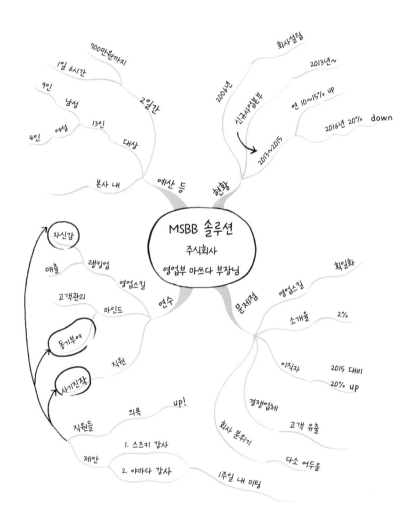

대화 내용을 스토리로 외우는 법

상황 이미지로 외우는 스토리 기억법

들은 이야기를 다시 누군가에게 전할 때가 있습니다. 부하직원에게 거래처 계약 건을 보고받은 중간 관리직이 다시 상사에게 브리핑하는 등의 상황이지요. 이처럼 대화를 숙지해서 정확하게 아웃풋할 때 유용한 방법이 있습니다. 예를 보겠습니다.

"액션 주식회사의 곤도 부장이 3월 15일에 납품된 우리 제품에 결함이 있다며 불만이 이만저만이 아닙니다. 제품 나사가 딱 맞지 않는 물건이 몇 개 나왔는데, 어떻게 그럴 수 있느냐고 언성을 높입니다. 1년 전에도 똑같은 실수가 있었다고요. 하자가 개선되지 않는 이유와 개선책을 최대한 빨리 제출해달라고 하십니다."

이 같은 내용을 보고받았다면 스토리로 기억하는 게 효율적입니다. 핵심 사항을 순서대로 상황 이미지로서 기억하는 것입니다. 스토리 포인트를 하나하나의 이미지로 외우면 기억하기 쉽고 나중에도 쉽게 재현할 수 있습니다.

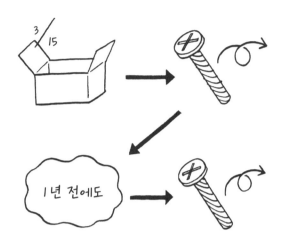

Q 왜 1년이나 개선되지 않았는가?

Q 향후 개선책은?

· 사안의 핵심을 이미지로 기억한다.(여기서는 나사)

· 강조 포인트는 키워드로 외운다.(3월 15일, 1년 전)

· 이야기의 흐름을 화살표로 잇는다.

· Q(질문)는 이쪽에서 취해야 할 액션

· 날짜와 시간, 기한, 관계자 이름 등은 따로 메모한다.

**이미지로 기억하는 훈련을 반복하면
논리적 사고와 말하는 힘을 기를 수 있다!**

78

인정받는 사람들의 메모 습관

돈, 날짜, 시간, 장소는 즉석에서 메모한다

회사 업무나 사적인 관계에서 꼭 기억해야 할 것들이 있지요. '이것을 잊어버리면 인간관계나 신뢰에 영향이 있을 거야'라고 생각되는 일들입니다. 능력 있고 신뢰가 두터운 사람들은 사소한 약속일수록 더 잘 지킵니다. 메모를 하기 때문입니다.

중요하지만 의외로 잊어버리기 쉬운, 그래서 메모가 필요한 것들은 대부분 다음의 4가지입니다. 간단하다고 해서 기억에만 의존하지 말고 메모하는 습관을 들이는 게 좋습니다.

- 돈 문제 : 지불 약속일, 금액 틀리지 않기 등
- 날짜 문제 : 약속일, 기념일, 납기일 등
- 시간 문제 : 시작 시간, 종료 시간, 약속 시간 등
- 장소 문제 : 약속 장소, 개최 장소 등

이 4가지만큼은 잊지 않도록 메모해두는 게 좋습니다. 나의 평판과 신뢰도에 큰 영향을 미치는 사안이기 때문입니다.

이것들은 말이 나온 자리에서 바로 메모합니다. 다이어리 혹은 스마트폰 일정표나 메모장이라도 좋습니다. '지금 당장 메모하지 않으면 금방 잊어버리고 말겠지'라고 여기시기 바랍니다. 메모는 습관이 되어야 합니다. 그래야 빠뜨리지 않습니다.

똑같은 실수가 2번 반복되면 사람들은 바로 돌아섭니다. 대부분이 그렇습니다. 겉으로 내색은 하지 않더라도 '이 사람은 믿을 수 없어'라며 선입견을 갖게 되고, 더욱이 사람 됨됨이에 관한 문제처럼 임팩트가 큰 사안은 거의 평생 기억에 남습니다.

그래서 회사 생활에서는 더욱 주의가 필요합니다. '그만 깜빡'의 대가가 반드시 있기 때문입니다. 정말 중요한 사안은 메모뿐만 아니라, 이메일이나 일정표 등에 중복 확인이 가능하도록 적습니다. 기억법의 가장 기본이 반복인 것처럼 말이지요.

그래도 메모는 기억보다 강하다

중요 일정은 3~5단계로 작성한다

"아, 어떡해. 리포트 제출일이 내일이었어!"

"큰일이네. 준비하려면 꼬박 일주일은 걸릴 텐데…."

학업에서도 업무에서도 이 같은 상황에 마주치는 일이 있습니다. 날짜 여유가 있었던 일정일수록 더욱 그렇습니다. 다이어리나 일정표에 적어두었어도 상황은 다르지 않습니다. 그날이 가까워져야 겨우 깨달을 테니까 말입니다.

중요한 일정은 스케줄을 단계별로 나누어서 적는 게 좋습니다. 그러면 준비를 제대로 할 수 있고, 잊어버릴 일도 없습니다. 이 역시 '기억은 반복이 기본'이라는 원칙에 따르는 것입니다.

예컨대, 한 달 후인 3월 20일에 신규 사업을 위한 프레젠테이션이 예정되었다면 일정표에는 다음처럼 나누어 적습니다.

- 3월 20일　　　　　　신규사업 프레젠테이션
- 3월 15일(3~5일 전)　　프레젠테이션 최종 확인
- 3월 10일(10~14일 전)　프레젠테이션 내용, 파워포인트 점검
- 3월 01일(3주 전)　　　파워포인트 작성
- 2월 15일(한 달전)　　 기획, 프레젠테이션 콘셉트 결정

디데이부터 역산해 3~5단계로 나누어 일정표에 적으면 더욱 알찬 준비가 가능합니다. 적어도 잊어버리지는 않습니다. 포인트는 시작 날짜, 중간평가, 3일 전 최종점검일 정하기입니다.

일을 잘하는 사람들은 일정 관리가 남다릅니다. 딱히 머리가 좋거나 능력이 있어서가 아니라, 해야 할 일을 잘 기억해서 제때 하기 때문입니다. 기억을 잘하는 것도 중요하지만, 그래도 메모는 기억보다 강하다는 사실을 유념하시기 바랍니다.

80

포스트잇 만점 활용법

1매에 하나씩, 2가지 색을 사용한다

시각 이미지는 텍스트보다 임팩트가 강합니다. 눈에 잘 띄고 기억에도 더 잘 남지요. 포스트잇도 마찬가지입니다.

많은 사람들이 공부나 업무에서 기억을 위해 포스트잇을 흔히 사용합니다만, 보다 효율적인 포스트잇 활용법이 있습니다.

· 포스트잇 색깔을 달리해 항목을 구분한다.

· 포스트잇 1매에 한 가지만 적는다.

· 중요도에 따라 포스트잇 크기를 달리 한다.

(중요할수록 큰 포스트잇에 쓴다)

· 교재, 서류뿐만 아니라 다이어리에도 활용한다.

(2~3일 내에 해야 할 일을 붙이고 오늘 못 하면 다음 날로 옮긴다)

· 혼동하지 않도록 2가지 색만 사용한다.

PART 06. 인생이 굉장히 유리해지는 기억 기술 239

포스트잇의 색 구분은 예를 들면, 빨강은 '급함', 노랑은 '주의' 같은 식으로 정하면 됩니다. 색을 많이 사용하면 혼동하기 쉬우므로 가급적 2가지 색까지가 좋습니다.

사람이 아무 생각 없이 직관적으로 색을 구분하는 것은 2가지 색까지입니다. 다만 색을 딱히 구분해서 쓰지 않고 컬러풀한 색감을 좋아하는 취향이라면 포스트잇 색을 다양하게 써도 됩니다. 임팩트 있는 색감을 통해 더 잘 기억하기 위해서입니다.

81

아무리 해도 잘 안 외워진다면

마냥 애쓰기보다 대안을 찾는다

기본적으로 내가 싫어하는 공부나 분야는 잘 안 외워집니다. 암기 이전에 이해부터가 어렵기도 합니다. 이럴 때는 다른 사람의 도움을 받거나 대안을 찾는 것이 좋습니다.

사람마다 잘 외워지는 게 있고, 그렇지 않은 게 있습니다. 그것을 우리 스스로는 잘 압니다. 내가 무엇에 강하고, 무엇에 약한지를 아는 것은 기억력을 높이기 위한 하나의 포인트입니다.

잘 외워지는 것은 노력해서 외우면 되고, 잘 안 외워지는 것은 다음의 방법을 따라보시기 바랍니다.

① 잘 외우는 사람들에게 요령을 물어본다.

잘 안 외워져도 꼭 외워야 할 때는 잘 외우는 사람들에게서 암기 힌트를 얻을 수 있습니다. 사람들의 머리는 다 거기서 거기입니다. 암기에 강한 사람들은 자기만의 요령이 있는 경우가 많으므로, 어떻게 해서 잘 외우는지 그 노하우를 전수받습니다.

② 내가 잘할 수 있는 분야에 집중한다.

종합점수로 합격, 불합격이 갈리는 시험이라면 내가 약한 부분보다는 강한 부분에 집중하는 편이 낫습니다. 기억과 공부 효율성 측면에서, 아무리 해도 안 되는 과목에서 10점을 올리기보다 잘하는 과목에서 10점을 올리는 것이 더 효율적이라는 의미입니다. 합격이라는 목적에 충실한 공부법이지요.

③ 난이도가 낮은 교재를 사용한다.

내용이 어려워서 이해하지 못하면 덩달아 암기도 어렵습니다. 이때는 난이도를 낮춘 교재로 시작하는 것이 좋습니다. 초보자용이나 중고등학생 교재처럼 내용이 쉽고 설명이 친절한 교재로 기초를 다진 다음에 원래 교재로 돌아오는 것입니다.

쉬운 교재 공부가 시간 낭비는 아닙니다. 그만큼 이해도를 높였고 반복해서 봤기 때문입니다.

82

갑자기 기억나지 않을 때 대처법

둘러대지 말고 시간을 벌어 판단한다

회의나 미팅, 프레젠테이션에서 질문에 대답해야 하는데, 생각했던 말이 갑자기 머리에서 사라질 때가 있습니다. 이런 일이 몇 번 생기면 발언 기회가 있을 때마다 걱정이 되곤 합니다. '또 머릿속이 하얘지면 어떡해!' 하고 말이지요.

머릿속이 하얘진다는 것은 사고가 정지된 상태입니다. 사고가 정지되어 있다고 상황을 모면하고자 아무 말이나 둘러대는 것은 좋지 않습니다. 머릿속이 하얘진 단계에서 상대는 이미 알아차립니다. 둘러대봤자 초조한 마음만 들킬 뿐입니다.

이럴 때 가장 좋은 방법은 "죄송하지만, 다시 한번 말씀해주세요"라고 말하는 것입니다. 질문의 요지를 재차 파악하면서 생각할 시간을 버는 것입니다. 질문을 다시 들으면 대답이 떠오를 수도 있고, 답변의 키워드 단서 하나만 생각나도 그나마 낫습니다.

그래도 대답이 떠오르지 않는다면 모르는 것을 모른다고 솔직히 말할 수 있어야 합니다. "추후에 다시 말씀드리겠습니다"라며 냉정하게 판단할 기회를 갖는 게 결과적으로 낫습니다. 명심해야 할 것은 사고가 정지된 상태로 아무 말을 꺼내거나 대답하지 않는 것입니다. 한번 내뱉은 말은 주워 담을 수 없기 때문입니다.

"지난번에는 제가 너무 당황해서….."

"제가 말주변이 없어서 그때는 죄송했습니다."

나중에 이 같은 변명을 하는 것도 도움이 안 됩니다. 본인에 대한 부정적인 선입견을 남기거나, 믿음만 잃을 뿐입니다.

잘 모르는 것은 잘 모른다고 정직하게 말하는 게 최선입니다. 이런 말을 했다고 무슨 큰일이 생긴 경우를 저는 이제껏 한 번도 보지 못했습니다. 오히려 진솔하다고 평가하는 사람도 있었습니다.

물론 이런 상황을 만들지 말아야 하겠지요. 예상 질문과 대답을 미리 준비하고, 자료를 충분히 숙지해서 미팅이나 토론에 나가야 합니다. 제 경험상 이것은 습관입니다. 만약 본인에게 이러한 태도가 부족하다면 노력과 자기관리가 필요합니다. 그래야 습관으로 이어집니다. 자신감은 준비에서 나옵니다. 준비를 잘하면 더 잘 기억하게 되고, 자신감이 생겨 대답을 더 잘 떠올릴 수 있습니다. 기억법은 그 같은 준비를 위한 수단입니다.

기억 칼럼

오늘 하루를 떠올리는 기억력 훈련

아침에 일어나면서부터 오늘 하루, 나는 무엇을 했는지 차례대로 떠올려보시기 바랍니다. 오늘 하루를 떠올리는 일은 과거 기억을 꺼내는 연습이 됩니다.

기억을 더듬으면 떠올릴 수 있는 부분과 떠올리지 못하는 부분이 있을 것입니다.

이때 떠오르지 않는 장면이 나온다면 '그때 뭘 했지?'라고 스스로에게 물어봅니다. 예를 들어, '잠깐 텔레비전을 보다가 그다음에 뭘 했는데…'처럼 기억의 실마리가 가물거리곤 하지요?

이 같은 물음은 기억의 파편을 더듬어 그 전모를 떠오르게 하는 연습이 될 수 있습니다.

사람 이름이나 중요한 키워드가 목구멍에 걸려 말이 나올 듯 말 듯하는 경우가 있습니다. 공부나 업무 중에 흔히 있는 일입니다. 오늘 하루를 재구성하는 습관을 들이면 그처럼 깜박하는 상황을 해소하는 데 도움이 됩니다. 내가 경험한 것을 되돌아보는 작업은 기억 재현성을 높이거나 강화하는 힘이 되기 때문입니다. 쉽게 말해, 기억을 꺼내는 훈련인 셈이지요.

지난 시간을 돌이켜볼 때 떠오르는 일이 적다면 기억을 재현하는 능력이 약하다는 증거입니다. 이럴 때는 뭔가를 떠올리는 연습을 매일같이 반복하는 게 중요합니다. 떠올리는 연습을 습관화하면 그만큼 공부 기억도 떠올리기 쉬워집니다.

〈오늘 하루를 떠올리기 연습〉

① 눈을 감고 오늘 하루 동안 있었던 일을 아침부터 시간 순서에 따라 영상으로 돌이켜본다.

② 내가 무엇을 했는지, 무엇을 말했는지도 함께 떠올린다.

③ 떠오르지 않는 기억 지점은 '뭘 했지?'라며 30초 동안 끈기 있게 생각을 파고든다.

④ 그래도 떠오르지 않으면 생각나는 지점으로 건너뛰어서 계속 떠올린다. '뭐였더라?'라며 생각을 파고드는 습관이 시험이나 업무에서도 효과를 발휘한다!

시간을 더욱 소중히 쓰기 위해

세상에는 기억해야 할 일들이 참 많습니다.

가족이나 친구와의 약속, 시험에서 좋은 성적을 얻기 위해 암기할 것들, 업무에 능숙해지기 위해 꼭 알아야 할 일, 회사를 경영하는 일, 거래처와 좋은 관계를 맺는 일 등도 그렇습니다. 이 모든 것들을 잘 기억하고 있어야 인정받고 믿음도 얻습니다.

기억하는 것, 기억하려고 노력하는 것은 자아의 실현이자 사랑이라고 저는 생각합니다.

사람들과의 약속을 연거푸 잊어버려 한번 믿음을 잃어버리면 그것을 회복하는 데는 정말 많은 시간이 걸립니다. 믿음을 쌓는 데는 오랜 시간이 필요해도 그 믿음을 깨는 것은 한순간입니다. 그래서 기억하는 일은 더욱 중요합니다.

이 책에서 설명한 기억법을 꾸준히 실천하면 공부나 업무뿐만 아니라 사람들과 좋은 관계를 맺는 데도 큰 도움이 됩니다. 그렇게 쌓은 관계는 평생의 자산입니다.

제가 사회생활을 하며 업무든 뭐든 '이 사람이라면 믿을 수 있어!'라는 생각이 들었던 사람들은 사소한 일도 거의 잊는 법이 없었습니다. 그들을 보면 '이런 것까지 다 기억하는구나', '앞으로도 계속 잘 지내고 싶네'라는 마음이 들곤 합니다.

기억력이 좋아지면 당장의 공부와 자격증 시험 등에서 성과를 기대할 수 있습니다. 그런데 이와 더불어 좋은 기억력이 좋은 인연을 맺는 계기가 된다는 점도 꼭 유념하시면 좋겠습니다.

누구나 기억력을 향상시킬 수 있고, 기억력이 좋아지면 인생이 바뀝니다. 학교와 회사에서 능력을 인정받게 되고, 인간관계도 더욱 깊어집니다. 시간을 아끼는 것은 물론, 내게 소중한 일, 소중한 사람을 더 잘 챙길 수 있기 때문입니다.

'기억의 인풋에서 아웃풋까지의 흐름과 기억 잘하는 법을 누구나 알기 쉽게 써주세요'라며 다이와쇼보 출판사의 미와 겐로 씨의 제안으로 이 책은 세상에 나올 수 있었습니다. 책이 나올 때까지 애쓰고 응원해주신 그 열정에 감사드립니다.

그리고 사이러스 컨설팅의 호시노 도모에 씨가 없었다면 이 책도 없었습니다. 제 안에서 많은 것들을 끄집어내주셨습니다. 어시스턴트인 고사이 노조미 씨의 따뜻한 도움에도 감사드립니다.

늘 저에게 지적 자극을 주시는 간다 마사노리 씨, 이시가모리 히사에 씨를 비롯해 제 강좌 수강생 여러분, 제가 몸담고 있는 진력사(盡力舍)와 프로 액티브의 동료 모두도 참 고마웠습니다.

좋아진 기억력은 세상살이의 자신감으로 이어집니다.

기억력 향상에 많은 노력과 시간이 드는 것도 아닙니다. 몇몇 요령만 익혀도 바로 실천할 수 있고, 매일 잠깐의 기억법 연습을 꾸준히 하면 공부와 업무에서 큰 효과를 볼 수 있습니다.

부디 '이 방법이라면 한번 해볼 만한데'라는 가벼운 마음으로 기억하는 즐거움과 그 놀라운 효과를 체험해보시기 바랍니다.

포토리딩 슈퍼 기억법

제1판 1쇄 2024년 3월 27일

지은이 야마구치 사키코
옮긴이 이수영
감수자 서승범
펴낸이 한성주
펴낸곳 ㈜두드림미디어
책임편집 최윤경
디자인 노경녀(nkn3383@naver.com)

㈜두드림미디어
등 록 2015년 3월 25일(제2022-000009호)
주 소 서울시 강서구 공항대로 219, 620호, 621호
전 화 02)333-3577
팩 스 02)6455-3477
이메일 dodreamedia@naver.com(원고 투고 및 출판 관련 문의)
카 페 https://cafe.naver.com/dodreamedia

ISBN 979-11-94223-50-4 (03190)

**책 내용에 관한 궁금증은 표지 앞날개에 있는 저자의 이메일이나
저자의 각종 SNS 연락처로 문의해주시길 바랍니다.**